"中国劳模"系列丛书

装备制造业里的"永动机"：
王树军

魏　维　孙童翌 / 著

吉林出版集团股份有限公司
全国百佳图书出版单位

图书在版编目（CIP）数据

装备制造业里的"永动机"：王树军 / 魏维, 孙童翌著. -- 长春：吉林出版集团股份有限公司, 2023.4

（"中国劳模"系列丛书）

ISBN 978-7-5731-3091-4

Ⅰ.①装… Ⅱ.①魏… ②孙… Ⅲ.①王树军－传记 Ⅳ.①K826.16

中国国家版本馆CIP数据核字(2023)第039529号

ZHUANGBEI ZHIZAOYE LI DE "YONGDONGJI"：WANG SHUJUN

装备制造业里的"永动机"：王树军

著　　者	魏　维　孙童翌
组稿统筹	东北师范大学文学院创意写作研究中心
撰写指导	余　弓
责任编辑	宫志伟
装帧设计	李　鑫

出　　版	吉林出版集团股份有限公司
发　　行	吉林出版集团社科图书有限公司
地　　址	吉林省长春市南关区福祉大路5788号　邮编：130118
印　　刷	唐山富达印务有限公司
电　　话	0431-81629711（总编办）
抖 音 号	吉林出版集团社科图书有限公司　37009026326

开　　本	710 mm×1000 mm　1／16
印　　张	9.25
字　　数	95千字
版　　次	2023年4月第1版
印　　次	2023年4月第1次印刷

书　　号	ISBN 978-7-5731-3091-4
定　　价	45.00元

如有印装质量问题，请与市场营销中心联系调换。0431-81629729

序　言

劳动创造财富，劳动创造幸福，劳动创造未来。习近平总书记在2020年全国劳动模范和先进工作者表彰大会上的讲话中指出："全社会要崇尚劳动、见贤思齐，加大对劳动模范和先进工作者的宣传力度，讲好劳模故事、讲好劳动故事、讲好工匠故事，弘扬劳动最光荣、劳动最崇高、劳动最伟大、劳动最美丽的社会风尚。"当今世界，综合国力的竞争归根到底是科技人才和高素质劳动者的竞争。改革开放以来，我们强大的工人队伍用辛勤劳动和拼搏奉献推动中国制造、中国智造、中国创造走向世界的前列，新时代的中国面貌日新月异。大力弘扬劳模精神、劳动精神、工匠精神，加强高素质技能人才队伍建设，打造一支宏大的知识型、技能型、创新型劳动者队伍是伟大时代赋予我们的历史责任。

劳动模范是民族的精英、人民的楷模，是共和国的功臣。自改革开放以来，广大职工勇立改革潮头，独立自主，奋发图强，勇于创新，其中涌现出一批批全国劳模和大国工匠，他们参与建设了代表中国高度、中国速度、中国深度的一系列重大工程，提升了国家实力，打造了"中国名片"，树立了"中国品牌"，增添了"中国力量"，充分释放出工人阶级的创新活力，展示出大国工匠强大的创造能力。他们以工人阶级的满腔热忱在各自平凡的工作岗位上创造了辉煌的业绩，书写了新时代的壮丽篇章。

爱岗敬业、争创一流、艰苦奋斗、勇于创新、淡泊名利、甘于奉献的劳模精神，崇尚劳动、热爱劳动、辛勤劳动、诚实劳动的劳动精神和执着专注、精益求精、一丝不苟、追求卓越的工匠精神，是广大劳动群众在社会生产实践中锤炼形成的弥足珍贵的精神财富，是工人阶级伟大品格的具体体现，是民族精神和时代精神的生动体现。民族复兴需要劳动模范，祖国强盛需要大国工匠，中国制造、中国智造、中国创造更需要大国工匠的强有力支撑。劳模、工匠等的成长故事、先进事迹中承载的劳模精神、劳动精神和工匠精神，是激励全国各族人民团结奋斗、勇往直前的强大精神力量。

"中国劳模"系列丛书，采用图文结合的方式，讲述全国劳模、大国工匠和先进工作者的成长经历及他们追梦、筑梦、圆梦的故事，用他们在平凡岗位上创造不平凡业绩的真实故事感染读者，形成劳动最光荣、劳动最崇高、劳动最伟大、劳动最美丽的社会风尚，引导广大技术工人和青少年形成劳动光荣、技能宝贵、创造伟大的观念。

"匠心筑梦，强国有我。"新时代是万象更新、生机勃勃的时代，也是一个继往开来、创新创业和建功立业的大时代。希望广大读者能以劳动模范为楷模，以大国工匠为榜样，立志技能报国、技术强国，踔厉奋发，勇毅前行，锤炼思想品格，汲取劳动智慧，勇于担当、勤于钻研、甘于奉献，为推进新型工业化和乡村振兴，加快建设制造强国、质量强国、航天强国、交通强国、网络强国、数字中国、农业强国，为全面建设社会主义现代化国家贡献青春力量。

中华全国总工会副主席（兼）

中国航天科技集团有限公司第一研究院

211厂14车间高凤林班组组长

2022年11月

传主简介

　　他卸下设备周围的防护，脱掉手套用力揉了揉眼睛，想站起身来活动活动。起身的瞬间，一仰头，额上的汗珠甩到了眼前正在维修的仪器上。他顾不上因长时间蹲坐后起身而产生的眩晕感，急急忙忙跑到远处，拿来一块崭新的抹布，擦掉刚才自己不小心甩到机器上的汗渍。

　　这个动作，是潍柴集团这个普通的技术工人一天重复过很多次的动作。

　　总部坐落在山东潍坊的潍柴集团是目前全世界最大的柴油机产业集群。在潍柴，有一位首席技师，他以敢于挑战不可能、勇于突破加工禁区的精神，加之德技双馨、爱岗敬业的品质，成为潍柴工匠中的一面旗帜。但他总是说，他只是潍柴的一名最普通的技术工人。

2011年，他自行设计的独立气密保护气路，使光栅尺故障率由原来的40%降到1%以下，填补了国内空白；2012年，他独创的"垂直投影逆向复原法"解决了进口加工中心定位精度为千分之一度的NC转台锁紧故障，突破了国外的技术封锁和垄断；多年来，他能够始终抵御住外界的高薪诱惑，专心致力于中国高端装备研制，坚守铸造重型机车"中国心"……他就是曾荣获"2018年大国工匠年度人物"称号的潍柴动力首席技师王树军。截至2022年，全国仅有30人获得这一殊荣。

2013年，潍柴成立了以王树军命名的劳模创新工作室。近十年来，王树军带领团队围绕生产一线的瓶颈问题主动攻坚，创新成果达144项，累计创造经济效益2.62亿元。

在技能技艺传承方面，王树军采用线下授课、项目课题、网络微课堂等多种形式，平均每年培训700多人次。近五年来，其工作室成员中，有3人获得技师资格证书，13人获得高级技师资格证书，5人获得国家级技能大赛二等奖，工作室也涌现出"齐鲁工匠""潍坊工匠""潍柴工匠"等十余人。

从1993年参加工作至今，王树军参与的每一项革新都映现着他的专注和坚持，每一项创造都是他专业和敬业的劳动凯歌。王树军在普通的岗位上以实际行动诠释了劳模精神，定义了人生价值。

目 录

CONTENTS

 第一章　播种梦想

父亲的小跟班

　　1974年的夏天，王树军出生在山东省诸城县（今诸城市）万家庄乡一个风光秀美的小乡村。他的出生，让父亲激动不已。父亲自1958年起就在潍坊柴油机厂工作，当了一辈子工人，练就了一身本领。如今有了孩子，便有了传承。

　　从王树军有记忆起，父亲在他耳边念叨得最多的就是"潍柴"。这两个字对儿时的王树军来说，既是父亲工作的地方，也是他向往的地方。父亲平时工作很忙，除了农忙和春节，他很少能见到父亲，但是每次父亲回到农村的家，总能给王树军带些自己制作的小玩具，满足他的小小期待。

　　父亲有一双巧手，小到玩具，大到家具，一旦出现问题，父亲研究研究都能搞定，就连分到房子后家里设施的改造、阳台的封装，父亲也能处理。每每这个时候，王树军就凑在父亲跟前给他打下手。

　　父亲带大的男孩儿总是有玩儿不完的稀奇玩意儿。童年时的王树军，受到父亲的管教和约束较少，在同龄的孩子里算得上无拘无束，他总是一群孩子里最淘气的那一个。父亲一回家，他就缠着父亲做那时小孩儿们都喜欢的火柴枪、弹弓、陀螺、铁环、木头大刀等。他上午拿了把木头小手枪出门，晚上便换了隔壁小孩儿的弹珠回来，邻居家的孩子们都换到过王树军父亲做的玩具。因为父亲高超的玩具制作手艺，儿时的王树军很是受到周边孩子们的欢迎。也是从那个时候开始，王树军也喜欢自己动手操作，想成为一个像父亲那样的"手艺人"。

王树军拆开的第一个玩具，是父亲送给他的一只铁皮青蛙，墨绿的花纹下泛出金属的光泽。只要把它肚子旁边的发条拧上几圈，放在地上，铁皮青蛙就会一个劲儿地跳，直到发条松了才停下。刚开始王树军玩儿得很起劲儿，一会儿让铁皮青蛙在桌子上跳，一会儿让它在地板上跳，还趁父亲不注意的时候放在父亲的背上跳。

但没过几天王树军就觉得腻了，因为只是看铁皮青蛙跳来跳去有些无趣。他想知道其中的奥秘，于是就想拆开来看看——铁皮青蛙怎么会跳呢？终于有一天，他在好奇心的驱使下，用螺丝刀打开了铁皮青蛙的肚皮。他看到发条，看到齿轮，看到摆杆和弹簧，看到没了肚皮的铁皮青蛙上满发条后，依旧上上下下地跳着。他盯着那严丝合缝、精巧旋转的机械，虽然不明白这套结构真正转动的原理，却深深地陷入齿轮旋转的奥妙中。齿和齿紧紧地卡在一起，咔哒咔哒的转动声正巧合上他的心跳。从那时起，他就和这些小小零件之间产生了微妙的磁场。

拆家小能手

王树军的好奇心却随着年龄的增长，转移到了更精巧奇妙的小物件上。第二个"废"在他手里的东西是家里的广播盒子。20世纪80年代初，电视、收音机还是"奢侈品"，不是家家都能有的。为了活跃村民的业余生活，及时传达消息，村里给每家每户通上了小广播。每天到了傍晚时分，小广播就会准时播放新闻，还会咿咿呀呀地唱起歌来。

自从装上了小广播，一到时间王树军就搬着小板凳坐在广播盒子底下，他很好奇这个木头盒子里怎么能藏下这许许多多的人，到时间就会说话唱歌。"当心点儿，不要把广播弄坏了！"虽然父亲叮嘱过他不要乱动，但王树军实在经不起小木盒里那些神奇声音的诱惑，终于有一天他还是忍不住把广播盒子给拆了，却发现广播盒子只有几股电线吊着个小喇叭，可就是这么简单的装置等通上电还是会发出声音，他来回摆弄，却始终搞不明白其中的奥秘，直到他发现了喇叭后面的磁铁。很小的时候他听父亲讲过："磁铁可是个好玩意儿，隔着厚纸板也能让铁粉跳舞。"

于是，他费了好大的劲儿把磁铁抠下来，换上了一块同样大小的木头，结果到时间该响的喇叭不响了，不该响的"竹笋炒肉"

却响了起来。直到后来父亲找维修工给广播盒子换上了新喇叭，里面的"人"才又说起话来。这让王树军心里的疑惑更多了，他攥着拆下来的那块磁铁，好像攥着天大的秘密。一直等到上初中，王树军才明白了其中的原理，而那块磁铁也指引着他一步一步解开谜题，为他坚定方向，带着他一步一步走上未来的路。

姐姐的小闹钟

除了铁皮青蛙和广播盒子，王树军还拆坏过家里的不少物件，但真要说因拆坏了东西惹父亲生气，还得算那回拆姐姐的闹钟。家里三个孩子，王树军排行老二。姐姐大王树军三岁，上学时成绩很好。在她上二年级时，父亲奖励了她一个小闹钟。对于那时候的普通家庭来说，闹钟可是好东西，姐姐自然是当宝贝一样，每天都亲手上发条，擦得锃亮。王树军那时还没有上学，每天撅着屁股趴在窗台边，看着小闹钟里的秒针哒哒哒转个不停。闹钟顶上有两个精致的小锤头，到了时间就敲，叮叮当当的，十分好听。他感到十分好奇，总想拆开后盖看看，但他又知道这是姐姐的心爱之物，很怕拆坏了要挨打，迟迟不敢动手。

终于有一天，家里没人，盯着闹钟哒哒哒走动的王树军伸出手将闹钟从窗台上拿了下来。他轻轻扭动调时间的弦，当时针指在数字"7"上的时候闹钟又丁零零地响了起来。这是姐姐定的起床的闹钟时间，他每天早上一听到这闹钟声，就忍不住想到姐姐房间里来看。王树军一次一次地把时针调到"7"，一遍一遍地看着闹钟的两个小锤头有规律地敲打。他强忍住自己的好奇心，将闹钟放回窗台，可是却忘了把时间调回来，于是刚踏出房门，闹钟又响了起来。他再也管不住自己的双手，在强烈好奇心的驱使下，打开了闹钟的后盖。

就在打开后盖的那一秒，王树军惊呆了：这么小的空间里，居然容纳了如此多的零件。一个个紧密排列的小齿轮，有条不紊地转动着，显得既忙碌又有条理。齿轮和齿轮严丝合缝地咬在一起，每一环都精准地按照设定的轨迹运动。他小心翼翼试探着装上了旋钮，拧这个是紧发条的，调那个是定闹铃的，按这个是停下闹铃的，转那个是调时间的……他看着齿轮随着他的控制一会儿停止，一会儿转动，钟表上的指针在各个数字之间移动。那一瞬间，他觉得自己似乎成了一个掌控时间的大师。

之后的好一阵子，只要家里没人，王树军都会拆下闹钟后盖，像看电影一样，沉浸在闹钟内部的机械运动中。也许是觉得自己已经掌握了闹钟运转的规律，他不再满足于只是看一看、拧一拧，想要进一步探索闹钟的秘密，只不过需要把零件拆开，但他始终没下定决心。终于有一天，他实在按捺不住自己的好奇，小心翼翼地将螺丝刀卡在了发条盒的螺丝上，捏着把手一圈一圈地拧开螺丝。只是一小会儿工夫，他的手心就已经冒出一层薄汗。就在拧开的一刹那，弹出的发条打散了闹钟内大部分的齿轮，顺带也把王树军的手狠狠抽了一下，抽出一条细细的红痕，抽得王树军手背上火辣辣的疼。

王树军顾不得疼痛，眼下他最担心的是闹钟被拆坏了怎么办。姐姐肯定饶不了他。王树军心里害怕导致手忙脚乱，他试图把闹钟复原，但是坏了的闹钟好像存心要给他一个教训，无论王树军怎么努力都无济于事。父亲回家后看到散落在窗台上的闹钟零件，就知道又是这个臭小子在"拆家"了，心里既生气又无奈。王树军的姐姐因为这件事眼睛红了很久，但到底没有责怪这个淘气的弟弟，她知道弟弟的好奇心不会因为一顿责怪而停下来的。好奇已经在弟弟小小的心里种下了种子，引领着他向着未来越走越近。

 第二章　志气与希望

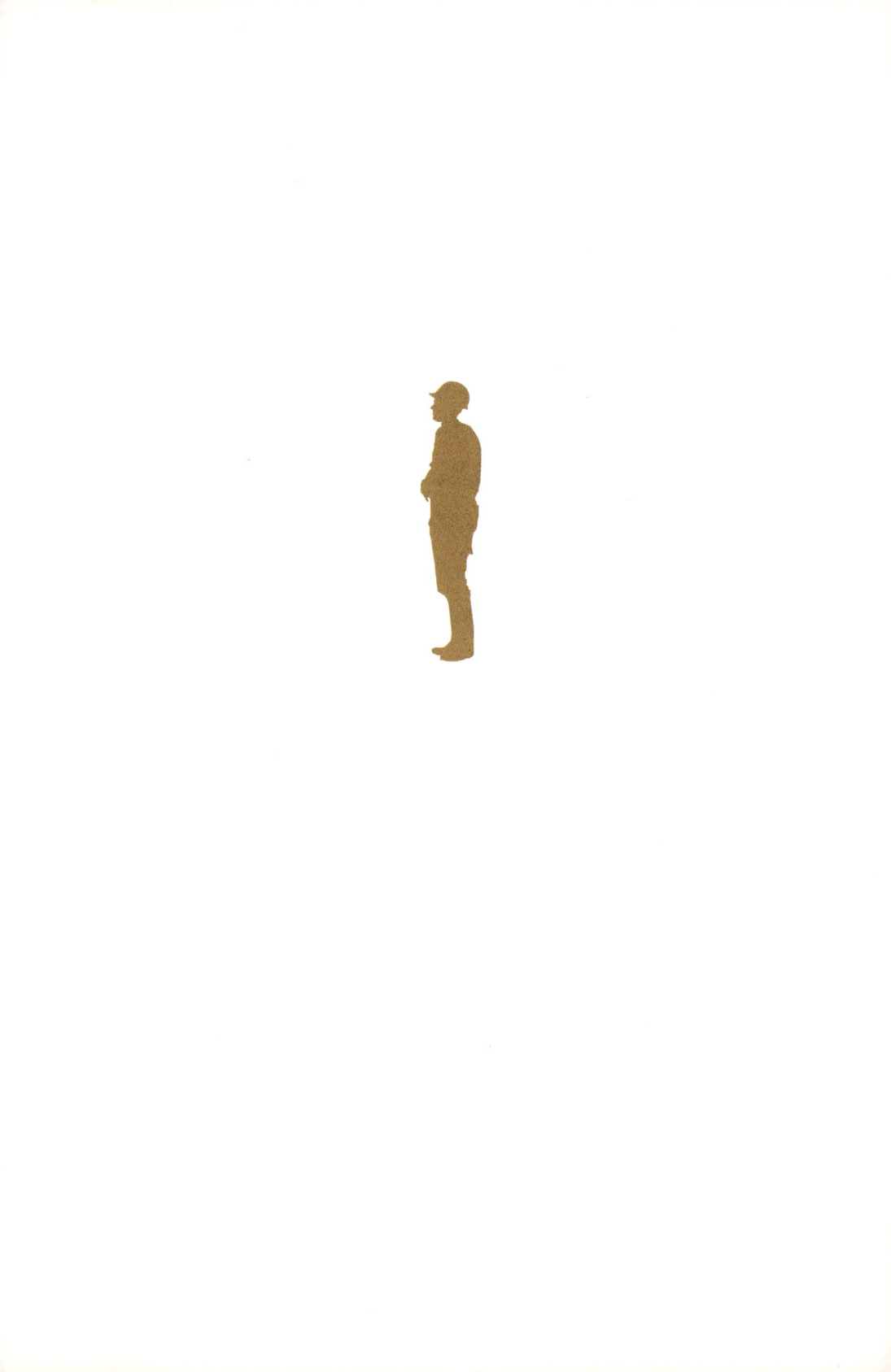

像父亲一样，当一名潍柴工人

1981年，王树军开始上小学。从他上小学起，他一直和父亲一起生活。父亲工作需要长期上二班（每天下午4点上到午夜0点），和白天上学的王树军的时间刚好错开。虽然父子交流的时间很少，但两个人彼此的关心却一点儿也不少。王树军懂事，常常在睡觉前烧好满满一暖壶热水，好让下班回来的父亲能有热热的洗脚水。父亲也十分在意儿子，既当爹又当娘，衣食起居都是亲自打理。王树军记得，小学这六年，父亲每天都是把饭做好了留在桌上，才去补觉或上班，让王树军早上起床、下午放学后都有热乎乎的饭吃。

1987年，也就是王树军小学六年级时，他们全家农转非落户潍坊。刚搬到潍坊时是夏天，窗外的蝉吵得人日夜不得安宁，炎热的天气又热得让人睡不着觉。这可苦了王树军，每天睡觉前都在床上练习"烙饼"。父亲上班也不清闲，在夏天的厂房里工作又热又辛苦，幸好有高温福利，那就是每天给工人发两支雪糕。20世纪80年代末雪糕可是稀罕物，于是每到晚上八九点钟，父亲总要抽空赶回家一趟。"快吃，吃完再写作业，都快化没了。"父亲一边把用毛巾包着的搪瓷缸放在桌上，一边又拿起课本看儿子作业完成的情况。直到现在，王树军也忘不了父亲捧回来的冰凉的搪瓷缸。尽管很多时候搪瓷缸里雪糕已经全化成了汤，但那种冰凉、甜丝丝的味道，总是能让他在一个个夏季燥热的夜晚平静下来。

王树军的小学和初中都是在潍柴子弟学校上的，成绩在班里一直处于中游偏上的水平。潍柴子弟学校是潍柴的厂办学校，距离厂区很近，只隔了一条街，学校老师都属于潍柴职工。可以说，王树军从小到大的生活经历大多与潍柴有关。那时候，王树军常常和同学结伴到厂里玩，他们很喜欢蹲在一边看工人叔叔干活时手里的新奇物件，尤其是带着摇把的车床。工人叔叔摇动摇把，将黑乎乎的坯件送上车床，不多时它就变成闪闪发光的零件。王树军无数次好奇地问东问西，想要到跟前去一探究竟，却总是在走近时被工人叔叔呵斥一句"小心"后讪讪离去。

走之前，王树军总不忘要来两条长长的、蓝莹莹的铁条，乐滋滋地拿在手里玩，一蹦一跳地离开。厂里的工人渐渐就认识了这个总是充满好奇、爱问这问那的小孩，也常常当着王树军父亲的面夸奖王树军聪明活泼。

父亲的言传身教，加上整个童年时期的所见所感，都影响着王树军，所以做一名潍柴工人就成为王树军小时候的理想。

在王树军读小学四年级时，有一天在课堂上，班主任高悦英老师问大家："同学们，你们的理想是什么呀？"同学们有说要当科学家的，有说要当解放军的，有说要当工程师的……等到王树军回答的时候，他站起来大声说："我想当一个潍柴工人！"老师和同学们都笑了，王树军摸着脑袋在心里想：当一名潍柴工人，有什么好笑的？我就是要像父亲一样，当一名潍柴工人！

当工人就要当大师傅

想做一名潍柴工人的想法一直推着王树军不断前进，直到他读初中二年级，发生了一件事情，使得他的理想更加具体，信念更加坚定。潍柴老厂区东门有一面漂亮的大钟，每到整点就会敲响，然后校园里就会响起悠扬的电子音乐。和厂区里生活的其他孩子一样，王树军也早已习惯了大钟敲响后那段悠扬的电子音乐。钟声从未出错地提醒着人们时间又过去一个小时了，也不断地催促着人们为下一个小时而继续忙碌。

直到1988年下半年的一天，学生们正坐在教室里上课，大钟的整点报时敲响了，可报时的音乐却不再悠扬，而变成了嘶哑刺耳的噪声。从那以后，每到整点，学生们只能堵起耳朵，等噪声过后再继续上课。再往后，大钟彻底不再发出声音了，连刺耳的噪声也没有了。王树军每每经过那面大钟时，都会为昔日悠扬动听的音乐感到惋惜。听老师说，大钟出了故障，因为没法修复，只好关掉整点报时的功能。

"我们厂都能造出柴油机，怎么连一面钟也修不了？"王树军找到老师，问出了这个困扰他许久的问题。老师告诉他，术业有专攻，厂里的工人们大多是对机械装备的制作和维修有研究，而像大钟这种精密的仪器，厂里工人可不会修。"能修好这面钟的人，那都得是'大师傅'了。唉，当工人就要当'大师傅'才行。"当时老师也没有想过自己说的这些话，会对王树军的一生产生怎样的影响，不过从那以后，王树军就立志要做一名能够处理别人处理不了的问题的"大师傅"！

夯实基础才能筑起高楼

1990年，王树军初中毕业，他毫不犹豫地朝着自己的理想前进：王树军选择了潍柴技校，这算是一只脚踏进了潍柴的大门。上技校时，他选的是模具钳工专业，这是潍柴技工学校与德国赛德尔基金会合作创办的双元制班。在这里，他一下就打开了国际视野，接触到了当时许多前沿的专业知识。模具钳工专业的特点就是要学习的知识非常广泛，要了解的领域众多。虽然他在钳工班，但除了基本的錾、锯、锉、钻、铰、攻、配研、装调等钳工专业知识和技能外，车、铣、磨等机械加工，电气焊、热处理这些相关知识和技能也都要掌握。

技校三年，王树军沉浸在学习的快乐中，日夜刻苦学习也不觉得疲惫。他深知这些基本技能在以后的工作中一定会用得上，所以学得格外用心，更别说这些知识正是他从小就着迷、想学的。他对自己的前途和未来充满了期待，正一步一步脚踏实地地往前走。

说来也怪，抽象的理论课是大多数同学感到枯燥的课程，可对王树军来说却是格外生动。课前老师要对讲过的知识点进行提问，学生们都在课前抓紧时间复习。同桌阿树转过头问王树军："哎，王树军，昨天老师讲的知识点你背了吗？""还没有呢，我现在背。"等老师提问的时候，同桌有好几个知识点没答上来，王树军却对答如流。课后，阿树跟其他人埋怨说王树军撒谎，不够朋友，故意提前背会了知识点让他出糗。王树军觉得冤枉，他确实是课前才开始背的，不过那些知识点他好像天生就会似的，不用死记硬背，自然而然地就装进了他的脑子里。

其他同学要背好多遍才能记住的内容，王树军却能过目不忘，每一步操作的流程，在他的脑子里就像已经操作过无数次一般，排着队有序地在大脑里存储着。老师课堂上讲的那些抽象的、令人费解的理论知识，比如麻花钻头的五刃六面结构，王树军能够通过类比将自己见过的零件与老师的描述结合起来，轻而易举地想象出它的立体构造。实习课上，凭着从小看父亲动手操作时的记忆和自己拆小物件的经历，王树军上手也特别快，能够顺利掌握钳工作业的各类技巧，实操的成绩一直在班中稳居第一。同学们来向王树军取经，王树军诚恳地说："只有打好基础，才能盖好高楼；只有踏踏实实一步一个脚印，才能真正掌握知识，提高自己的能力。"

 第三章　扬帆起航

转变心态，坚定信念

1. 师傅领进门，修行靠个人

技校的生活转瞬即逝，在知识的海洋中徜徉三年的王树军，早已不是那个初入校园的毛头小子。1993年，王树军以全级部第二名的身份成了潍柴技校的优秀毕业生，并参加了入职潍柴的工种挑选分配会。于是王树军选择进入了615厂加工二车间，成为一名维修工人。当时可供选择的岗位很多，听许多同事说维修岗的工作是技术活儿，所以当时挑选工种时，王树军毫不犹豫地选择了维修岗位。

由于王树军毕业成绩优异，他如愿以偿地站上了615厂加工二车间的维修岗，跟着师傅王志贤从事钳工维修工作。王志贤是一个好脾气又有些大大咧咧的人，下班后常常约上三五好友带上徒弟出去喝酒。工作中王志贤也很容易相处，常常拿王树军开玩笑，但在外人面前却从不吝对这个徒弟的夸奖。当时的维修制度是事后维修，也就是设备坏了才修。一开始，王树军感觉这份工作没什么压力。

后来的一件事，彻底颠覆了王树军对维修工作和师傅王志贤的看法。年底的一个周末，王树军和同事们要加班给清洗机更换换热器上换热片的密封垫。

换热器的换热片有120片，加班维修计划是上午拆开清洗，下午换垫组装。拆洗过程进行得还算顺利，但到下午组装时却出现了问题。由于换上的密封垫是新件，厚度大于被长期挤压后的旧垫，组装时整个换热器在长度上增加了接近一倍，原换热器的把合螺栓长度不够，没有办法拧紧。大家一起想了很多办法，用铰链挤、用重物压，结果都不行。

时间一点点流逝，快下班时，师傅王志贤想了一个可行的办法：根据现在换热器的长度，车削[1]两根长螺栓，交替把合压缩，把"变长"的换热器重新组装起来。可这时已经到了下班的时间，熬了整整一天的王树军在台阶上坐了下来，小声嘟囔了一句："都这个点了，明天再修吧。"虽然声音很小，但一向大大咧咧的师傅却听到了。王志贤皱了皱眉头，转头对正在工作的所有人说："养兵千日用兵一时，今天修不好，明天整个生产线都得停产一天。你们谁有事谁走吧，没事的留下来处理。"王树军一抬头，看到师傅的眼神落在自己身上，一时间羞愧和懊恼的情绪涌上头来。他知道师傅是在说给他听，是想让他想明白责任的意义，明白"干就负责、做就到位"的道理。王树军重新回到师傅身边，跟着师傅一步一步检查、调整，直到第二天凌晨5点多机器开始正常运转才回家休息。

---

[1] 就是用车床加工。

⊙ 王树军在进行部件装配

⊙ 故障排除后，王树军总要确认加工后的零件是否合格

　　回家的路上，王树军不远不近地跟在师傅身后想要承认错误，却听到师傅幽幽地说了一句："坚持下来就是好样的，我王志贤的徒弟从来都不怕困难。"那一刻，王树军明白了维修工作不是原来想的换换零件那么简单，当维修过程中出现无法预料的问题时需要去面对困难、解决问题，承担起自己应该承担的责任！

　　后来经过长时间的交流和相处，王树军发现厂里那些平时看上去大大咧咧的师傅们，其实对厂子和工作都怀着一颗赤诚之心。他们对加班甚至是通宵作业都毫无怨言，碰到问题都是迎难而上，绝没有退缩的。在师傅们的带领下，王树军重新认识了维修工作，这是一项既要有担当、又要有技术、并且能够干到老学到老的工作。于是，他开始审视从前的自己，找回自己的初心——工作不是混日子，需要关键时刻能冲上去、能顶住，更需要有能力去面对困难、解决问题。

　　从那以后，王树军彻底改变了初入工厂时的工作态度，除了保质保量完成日常的工作之外，他将全部的身心都投入到学习知识和提高技术中。其他同事在休息时聚在一起聊天，王树军就抱着书在班组的角落里学习；老师傅在操作间工作，王树军就凑在一边观摩，看不懂他会及时提问。在平时的工作中王树军遇到解决不了的难题也不懊恼，就是反复琢磨，直到将问题解决为止。不知不觉中，王树军的技术水平有了很大的提高，老师傅们对这个勤奋又好学的年轻人赞不绝口，尤其是师傅王志贤，嘴上不说，心里却暗自为这个徒弟叫好。

⊙ 王树军在检修液压系统

2. 检修预防，初露锋芒

一个人可以通过诚实劳动和实现人生价值而产生幸福感和愉悦感，王树军就是在这样的奋斗过程中不断进步、成长的。

1994年，王树军参加工作刚满一年，定岗时间不长的他就被分派到缸盖班，负责整个缸盖班三条自动线的维修。虽然工作没多久，但当时发生的一件事，让王树军回想起来总觉得十分骄傲。那是为了革新当时的事后维修制度而进行的一次预防性维修工作——对链式排渣机进行维修。那时还没有预防性维修这个概念，大多是事后维修。事后维修属于救火式维修，也就是设备坏了才修，维修工就像消防员一样，干的都是抢修一类的工作。

王树军负责维修的缸盖自动生产线最突出的一个故障，就是线体的排屑链[1]经常断，而且维修起来耗费的时间特别长，是车间的老大难问题。而这条缸盖自动生产线又是当时车间最先进的一条生产线，全线采用集中排屑方式，即生产线上的所有工位同时加工产生的铁屑落到工位下的一个方槽里，再由贯穿整条生产线的排屑链集中刮出并排放至铁屑箱。每段生产线的排屑链都是环形布置的，长度达到40多米，整条缸盖线共三段这样的生产线。排屑链断裂的频率大约每两个月一次，维修时需要将排屑链由线首或线尾拖出，连接好后再整体回装，40多米的排屑链重达两三吨，每次维修都是一场大战，四五个人最快也要十几个小时

---

[1] 排屑链是链板输送机中的一种，主要用于收集和输送各种卷状、团状、条状、块状切屑，能够起到改善操作环境、减轻劳动强度、提高整机自动化程度的作用。

才能修完，损坏严重时就得抢修近二十个小时。

分派到这个班组后，王树军最担忧的就是这些排屑链。每次维修过后，他都会反思："能不能在设备运行的时候进行跟踪性检查，通过及时的处理避免这种突发故障呢？"

经过长时间的思索，他决定在工位之间的空当设一个检修口，配置电焊机，这样就能够随时检查，随时焊修。为了方便启停链条，他又在检修口处安装上一个排屑链启停按钮，在生产线正常运行期间蹲点跟踪，使用目测法检查排屑链的每一个链节、连接板及销轴是否运转正常，发现异常随时停止工作，将隐患消除后再马上开启排屑链。这样一来，既不影响生产线各工位的设备加工，又能及时发现隐患。前后试运行了近一周的时间，在正常运行不停产的情况下，他把整个线体的排屑链彻底检查了一遍，一旦发现问题就及时处理。

此后，每过一个月，他就用这种方法给排屑链"体检"一次，于是这个之前频繁出现的老大难问题再也没有出现过。这件事过后他总是用这段经历来勉励自己：办法总比困难多。从事维修这个工作，不动脑子就会累死，动动脑子就没有什么是不可能的。

对排屑链的预防性维修是王树军职业生涯的一次创新，这不仅为他和同事们摆脱了繁重的事后修理工作，也让他收获了车间领导、师傅及同事们的赞扬。

就这样，繁忙而充实的维修工作不但让王树军的技艺得到了飞速提升，更使他与师傅、同事们建立了深厚的友谊，同时也加深了王树军与潍柴的感情，让王树军内心对厂子产生了一种家一样难以割舍的感情。

3. 留下来好好干

计划经济时期，企业既不能自主经营，又不能自负盈亏。企业的产品的品种数量、价格以及企业的生产要素供给与产品的销售，都处于政府计划部门和有关行政主管机构的控制之下，企业很难自行决定生产和经营。

1995年之后，由于市场转型，许多制造企业的效益都不景气。潍柴也一样，从1996年开始，产品大量滞销，效益急剧下滑，公司面临前所未有的危机和困难。

就这样，到了1998年，潍柴的情况更加不容乐观，公司甚至拖欠了员工半年多的工资，陆续有人选择离开潍柴。当时，王树军的思想也有过波动，他也想过有没有必要留下。他那时也到了谈婚论嫁的年龄，对方如果对潍柴的处境有所耳闻，恐怕也会有所顾忌。王树军陷入了两难：一方面他担心再待下去，企业效益不好，自己也不好找对象；另一方面他想到父亲一辈子为潍柴的付出、自己一路走来的成长，心里对厂子还是割舍不下。作为潍柴子弟，王树军对企业的感情是刻在骨子里的，他始终相信潍柴能好起来，于是抱着再等等的想法留在了潍柴。

就这样，王树军一直坚持到了1998年6月，等到了谭旭光厂长的上任。谭旭光厂长的魄力与鼓舞让王树军和同事们看到了希望，大家不但打消了离职的念头，还下定决心要好好干，要对得起厂长的支持与鼓励，也不辜负潍柴多年来对他们的培育与照顾。

潍柴经营状况的转变，极大地激发了王树军的工作热情。那个年代还不谈"工匠精神"，但是在当时的王树军眼里，维修是个技术活，技术水平越高，维修工越受到大家尊重。他的想法很简单，就是想成为维修行业里的一把好手。他总是想起谭厂长曾对他们说过，谭厂长参加工作的第一个梦想就是成为一名八级工。王树军也想给自己定目标，他想成为一名受人尊重的"大师傅"。正因如此，即使工作比较苦，王树军也乐在其中，他享受每次排除一个设备故障后的那种成就感，那是收获知识、享受成功的喜悦。

但王树军也知道，要想成为"大师傅"，不是那么容易的，必须要有坚定的信念，要肯吃苦。劳动是获取财富和幸福的源泉，人世间的美好梦想，只有通过诚实劳动才能实现。于是，在那个时候，王树军便给自己定下了"四字箴言"，即"三多一少"——多看、多思、多干、少说。多看，就是要做有心人，多观察、多学习；多思，就是遇事要多动脑、多琢磨；多干，就是肯吃苦、多动手；少说，就是要沉下心来、不浮躁。

4. 好领导带企业起飞

谭旭光是现任潍柴控股集团有限公司董事长，潍柴动力股份有限公司董事长、CEO，长期从事动力系统工程技术创新和管理理论研究与实践工作。十七岁进入行业，摸爬滚打了近二十年，谭旭光从一个平凡的技术工人，做到了厂长的位置，接管潍柴工厂时他只有三十七岁。这位年轻的厂长上任后对企业进行了一系

⊙ 王树军对加工中心进行精度检测

列大刀阔斧的改革，让王树军和一众坚定留下来的同事们看到了企业生存发展的希望。谭旭光说过："造梦过程中，要有担当精神，特别是遇上了很多困难和挑战的时候，别人不敢担当，你能够挺身而出，这就是我所理解的企业家精神。"

王树军眼里的谭旭光厂长是一个具有领导魄力的人。经历了1998年轰轰烈烈的国企改革，有着十年技术和海外市场经历的谭旭光带领团队为潍柴寻找技术突破。潍柴为交通运输、工程机械、农业机械、渔业船舶、国防装备提供主导动力设备，潍柴产品的重要性不言而喻。谭旭光在上任时曾立下三条承诺：坚持原则，敢抓敢管，不做老好人，不当太平官；扑下身子，真抓实干，为企业干实事，为职工办好事；以身作则，清正廉洁，要求职工做到的首先做到，不允许职工做的我们坚决不做。朴实的七十个字，意味着企业的新生。为了给员工吃定心丸，他一上任就给员工发放了拖欠半年的工资。经济压力减轻，这对于王树军这样选择留下来的员工来说不仅是物质上的回报，更是精神和心灵上的安慰。

谭旭光是敢于吃螃蟹的人，他说过，那些年就是"顶着铡刀搞改革"，他用实际行动诠释了改革的必要性，带领企业走上了一条全新的发展之路。经过一系列大刀阔斧、敢为人先的改革与调整，潍柴排除了原有的全部体制机制障碍，正式做好了"起飞"的准备。

5．爱拼的维修班长

经历过市场低谷，再面对新机遇、新挑战，潍柴的员工们都打起了十二分的精神。设备的维修制度依然还是事后维修制，故障就是命令，保证在最短的时间内恢复生产，让停产的损失降至最低，是当时潍柴维修团队的目标。

此时的王树军已经当上了维修班长，他带领的班组是出了名的敢想敢做。喷漆线的引排风系统出现故障，为了让易燃易爆的喷漆线不停机，王树军领着大伙儿进行电气焊动火作业，这一连专业队伍都不敢轻易尝试的工作，王树军和同事们就敢在保证安全的前提下进行"冒险"作业，而且没有一次失误。为了解决维修过程中的停机问题，王树军创造了很多操作法，针对不同典型故障制定出了不同的维修法，并逐渐形成了后来的预防性维修机制度。

2000年至2003年，班长王树军用三年的时间提高了自己的本领，创新了工作法，把平时看似不能干、不敢干的活儿都干了，虽然不是所有的故障都能成功处理，但正是这些不成功造就了以后的成功。

2001年，担任维修班长一年多的王树军，带领班组获得过好评，也取得了一些小成就。可就在这个时候，满怀信心的他却在一件小事上犯了难。

当时，一台双轴缸孔珩磨机发生了故障。珩磨缸孔属于发动机气缸体最后一道机加工工序，利用两个珩磨头将气缸体的各个缸孔进行磨削处理，改善缸孔的表面粗糙度和基本尺寸，通俗一点儿讲，就是把缸孔修得光亮一些。

工作中珩磨头有三个动作：一个是旋转动作，由两台电机直接驱动；另一个是磨头的往复动作，由珩磨机的液压系统驱动往复油缸完成；还有一个动作是磨头的磨条涨缩动作，同样是由液压系统驱动。所以说，液压系统是整台设备的核心。在常见的设备维修中，液压故障比较难处理，因为其他类别的故障可以使用相应的检测仪器，或通过"望闻问切"这些基本判断方法来锁定故障点，唯有液压故障，是没有办法完全通过直接手段检测出的难题，到目前为止也没有完备的检测判断仪器。所以，王树军只能通过压力表来检查它的各部分压力，其他的工作完全通过液压回路的人为分析或凭借维修经验判断。这次故障出现在其中一个珩磨头上，磨头往复动作慢，并且往复换向时"无精打采"，没有节奏感，另外一个珩磨头动作正常。这就使得表现出的故障现象十分滑稽，两个珩磨头像一个年轻力壮的小伙子和一个步履蹒跚的老妪在同一赛场赛跑，一个动感十足，一个有气无力。

看到这个故障现象，王树军的第一个反应是小毛病，容易处理。他接触这台设备很长时间了，对这台设备的基本构造比较了解。两个珩磨头分属两套液压系统控制，其中一套正常，那么王树军就可以借鉴它的各种压力参数，依葫芦画瓢地处理出现问题的那一套。于是，他就把这个维修任务派给了自己的徒弟刘兴，让他带领同事丁峰一起排查。

⊙ 王树军正在研究手里的机器零件

等王树军处理完手头上的工作再抬头时，时间已经过去了大半天，他回到故障现场，发现刘兴和丁峰两个人还在忙活。机器的故障依旧，王树军跟两个人简要交流了一下，按照原有的处理思路和方法继续进行检查、修理。

液压系统从结构组成上大致分为动力元件、控制元件、执行元件与辅助元件，这种换向动作异常的现象通常是由控制元件引起的。这一台珩磨机的磨头换向采用的是先进的液控方式，排查起来确实有一定难度。

"师傅，我们用的是替换法，可是尝试了好几次都没有效果。"站在一边的徒弟显得有些气馁。替换法就是把各个相关的零件与正常运行的那一套进行置换，按这种思路和方法，王树军和徒弟刘兴一起互换了全部的控制元件，珩磨机依然存在问题。

时间来到了晚上10点钟，车间已经停产一天了。虽然当时的生产任务不重，车间也是单班生产，但王树军仍感到面上无光，一天下来连故障原因都没有找到。

王树军左思右想都不明白故障的原因，一个人坐在门口发呆。这时，他想到几年前师傅带自己加班的那个不眠之夜。他叫来了刘兴，把师傅当年教给他的道理，讲给了徒弟听，也是讲给自己听。师徒二人静下心来反思了一天的工作，又打起精神，开始重新检修。

接下来的一整夜，王树军和刘兴、丁峰三人把整个设备的液压系统，从第一个元件油泵过滤网开始，一直排查到往复油缸，直至第二天早上车间的同事们都上班了，故障仍然没有解决。一天一夜的连续作业，让王树军筋疲力尽，心里还窝着一股火，连车间主任买来的早餐他也没有胃口吃。看到这些，主任没有说什么，只是催着他们尽快回家休息，并安排了其他同事继续排查。

王树军心里不甘，面对这个无法检测出问题的液压油路，恨不得让自己缩小成一个油分子，顺着整个油路巡查一遍。

"班长，这个油嘴好像不通。"正在拆卸油缸的丁峰突然喊道。丁峰刚参加工作不久，没有实操经验，王树军就安排他拆卸油缸。他拆卸油缸时为了省力，往油缸的进油口里插了一个内六角扳手，打算借力将油缸搬下来，没想到看似粗大的进油口，居然插不进一个比它纤细很多的内六角扳手。

难道油缸是个不合格的返修品？"真是倒霉到家了！"一道灵光在王树军脑子里闪过，他心中不禁暗骂了一句。王树军检查过容易拉缸的油缸内壁，光滑如镜，但没想到出问题的是油缸里一个镶套的返修品。由于生产过程中会出现加工失误，可能导致油缸缸孔尺寸加工超差，厂家为了降低损失，一般采用镶套后再加工的方法，即将超差的油缸孔再扩大尺寸，按扩大后的实际尺寸再加工一个与其配合的有较大过盈量的内套，进行热装后再加工内套至合格尺寸，但是如果镶套的过盈量小的话，也可能在长期使用中造成镶套的错位。

王树军连忙投入检查，经过仔细排查，得出的结论是：油缸果然是一个返修品，过盈量不大的镶套长时间运行产生的旋转，将进油口堵住了大半，进而将系统提供过来的液压油截流了大部分，导致往复动作缓慢并且有气无力。他们把镶套进行正位固定后，机器恢复正常运转，故障彻底排除。

一个小得不能再小的问题让几个人忙活了一天一夜，最后还是参加工作不久的丁峰发现了问题的根源，王树军陷入了沉思：如果之前的检查工作再仔细一点儿，这个问题根本不难发现，但是自己一开始就把问题想复杂了，对于机械原因造成的故障，却把力气用到了液压问题的排查上。王树军对自己的思想及工作态度进行了认真梳理和总结，开展了深刻的自我批评：这几年潍柴的发展一直稳中向好，自己又取得了一些成绩，正是长期积攒起来的骄傲之气，让自己变得浮躁。当班长不但要爱拼，更要有一颗平常心。要端正心态去处理工作中的一切事务，用一颗平常心去看待每一个设备故障，收敛自己的心性，不要忘记自己加入潍柴时的初心和使命。

千锤百炼，百炼成钢

1. "额外工作"不额外

在潍柴，王树军是出了名的胆子大，总是敢于尝试做一些平时不属于他们生产车间维修范围的"额外工作"。不过，在王树军看来，这些"额外工作"一点儿也不"额外"，都是可以大幅降低车间维修费用和停机损失的。

从工作内容与工作量的角度来看，车间维修工作大致分为两种，一种是对设备的小修工作，主要是简单的保养性的修理，以排除设备故障为主；另一种是对设备的大修、项修，其中，大修是对由于机械磨损和加工精度不能保证产品合格的设备进行恢复精度的检修，项修则是对设备进行部分解体、修复或更换磨损部件的针对性维修。大修及项修工作一般由专门的机修车间处理，而王树军班组负责的是车间设备的小修工作，通常是在一线生产车间进行的。

一线生产车间的工作重点是抓产品质量及产量，因此小修工作主要任务是处理设备突发故障，目的是在最短的时间内恢复生产，保障产出最大化。承担大修及项修任务的机修车间维修工，以恢复设备部件精度为主要任务。损坏的设备都是生产车间在做好相应的生产安排后送过来的，不需要过多考虑停机时间，工作节奏要比在生产车间的维修慢很多，人工、备件等维修费用都由生产车间承担。设备一旦进入大修、项修，一线生产车间不但要支付高额维修费用，而且产量也会受到很大影响。各个生产线之间联系紧密、环环相扣，哪一环出了问题都会影响整个流水线的操作。虽然车间做了相应的生产安排，但是和正常的生产线状态相比还是有很大差别的。

"大修需要恢复设备的整体精度，专业性强、耗时久，由一

⊙ 王树军（右）在讲解高压泵维修

线生产车间自己去做确实困难。那么能不能提前进行一部分项修工作呢？"王树军没担任维修班长前，就一直在考虑这个问题。

设备出现故障需要维修与人生病要治病的原理差不多，人生病了，除非是必须动手术的大病要住院，其他小病可以简单治疗，不一定非要住院不可。简单治疗就相当于小修，住院治疗自然是相当于大修、项修，除非是机械精度丧失到必须进行大修的状态，其他时候，一线生产车间维修工也能做一些项修工作来进行预防。就像感冒是可以预防的，机器的问题也是一样的。

起初，王树军面对这份"额外工作"还有些发怵，毕竟要尝试的是之前没有做过的项目。除此之外，这份工作需要维修工人掌握相应的项修知识和技能，尤其是原本的车间维修工作也不轻松，因此班组里个别成员持反对态度，这也让王树军坚定的心有些许动摇。

为了统一大家的意见，王树军叫来班组成员一起讨论要不要接下这份"额外工作"的任务。好几个成员都表示支持，"不就是一份'额外工作'么，大修工能做的，我们小修工也能做！"虽然是简简单单的一句话，但不服输的精神却让班组成员都充满了信心，这也再一次点燃了王树军的斗志。

其实，两种维修工作原理和工作方法大同小异，区别主要在于一线车间维修缺乏项修经验和技术，再就是机修车间的专用工具比一线车间齐全。和班组成员达成一致后，王树军又跟车间领导商量，看是否能协调车间维修人员以帮工的形式去机修车间学习，除此之外，王树军还从工厂各位老师傅那里要来了第一手资料，认真研究学习，为班组胜任这份"额外工作"打下了坚实的基础。

于是，在之后的半年时间里，车间又分批派人去机修车间帮工学习，王树军和班组成员全程参与。他们把能承担的项修工作做了梳理，针对每一项工作制定了完整的修理方案，订购了专用工具，补齐了项修短板。

在边学边修的过程中，王树军班组解决了频繁发生的多轴箱打齿轮这一项修故障，改良了机修车间平行合箱安装的维修方法，采用垂直合箱安装法，将这类故障的自主维修效率提高了23%至27%。最值得一提的是王树军和班组成员还改良了行车维修法，为厂里大大节约了人力、物力成本。为此，车间领导第一时间表彰了王树军和他的团队。

这些"额外工作"不但带给王树军班组"额外"的荣誉，使他们再一次增强了自信心，更激发了他们的工作热情，鼓励他们创新进步，不断提升自身能力，助力企业发展，实现员工与企业的共赢。

2. 干一行，爱一行

在很多工厂里，车间各生产线在厂房内的具体方位通常用"跨"来表示，比如曲轴箱生产线在车间四跨北侧，缸盖生产线在五跨南侧。行车[1]则是负责这一跨区域物料转运的装备。别看

---

[1] 行车在东北重工业区也叫天车，是车间必备的物料转运装备。

它只是负责物料转运的辅助设备，但对于当时自动化程度不高的流水式生产线来说，它的作用甚至比加工设备还重要。行车一旦损坏，它负责的区域内的设备辅料及工件转运都要受影响。

王树军小组所在的加工二车间一共有五跨区域的设备，每一跨区域都有两部行车，整个车间共有十部行车，这可是他们班组重点关注的一级设备。毕竟它影响的是整个生产线，也就是说，同一时间里报修行车和其他设备，会优先维修行车故障。

行车的小跑车及升降葫芦[1]都属于易损件，常常需要维修、更换。升降葫芦的重量在200千克左右，安装在小跑车上，两个部件像舌头和牙齿，离了谁都不行。所以不管是维修还是更换这两个部件中的哪一个，第一步都是先取下笨重的升降葫芦。于是取下和安装升降葫芦便是整个工作的难点，又因为升降葫芦距离地面较高，且分量较重，存在一定的维修风险及隐患，这也为维修工作增添了难度。

所以，公司出于为员工人身安全考虑的目的，索性将这两部分的更换作业作为外委项目，承包给有资质的专业队伍。他们常用的处理方法是将行车开到空旷区域，然后从地面开始搭建脚手架到达作业位置，之后在脚手架上铺设板条，作业人员站在板条上进行施工。

脚手架的高度根据行车高度确定，一般要搭建6米左右，由于

---

[1]　升降葫芦又称电动葫芦，是一种轻小型起重设备，具有体积小、自重轻、操作简单、使用方便等特点。起重量一般为0.1~80吨，起升高度为3~30米。

需要更换的升降葫芦和小跑车的总重量约300千克，作业时一般采用在脚手架上安装手拉葫芦的方式来代替人工搬抬。这种作业方法虽然确保了人员在高空作业时的安全，但耗时太久，每次作业最快也需要三个人两天才能完成。实际上，大部分的时间都用在了脚手架的搭建和拆除等辅助工作上。

每次碰到外包团队进行更换作业，王树军就喜欢在一边观察，对维修行业的喜爱让他养成了思考、追问的习惯。几次观察下来，他总是感觉这个方法太笨。"这个工作完全可以用换高空照明灯的升降机搭配V型枕木来做嘛，根本不用那么多时间。"王树军心里琢磨着。思前想后，他决定找车间领导沟通看看。"你的提议虽好，但是没有人尝试过，你们班组也不是专攻这一项目的，这么操作能行吗？"面对车间领导的质疑，王树军越发想试试看，他相信自己和班组成员有这样的能力。

如何方便快捷且安全地拆卸和安装升降葫芦？王树军开始了探索与研究。首先需要一部升降机，再针对圆柱形的升降葫芦专门设计支架，这样就可以把笨重的部件平稳地放下来。在升降机平台上进行作业，需要把支架固定到升降机平台上，这样就可以实现支架对升降葫芦的安全且精准的托举，从而确保维修作业顺利进行。

通过一次次的尝试，高效且安全的方法终于被研究出来了。经过精准测算，小组成员制作出了专用的V型枕木，用来平稳放置圆柱形的升降葫芦。一切准备就绪后，他们在厂休日进行了更换试

⊙ 王树军在图书馆查阅资料

验。试验由王树军亲自操作。各步骤按既定方案有序进行，直至最后一支紧固螺栓的安全锁固定完成后，升降台徐徐下落，所有工作顺利结束，地面上为王树军捏着一把汗的人都长舒了一口气。

成功啦！一部升降机、一个人，不到三个小时就能高质量地完成作业，还能确保作业人员人身安全。后来，这一作业法从王树军所在车间开始推广使用，后来普及到全公司，搭建脚手架更换行车起吊装置的年代一去不复返了。

凭着对维修工作的热爱与追求，经过一次又一次的考验和挑战，王树军班组成员的技能水平得到了大幅提升。平时空闲时间聊天的人少了，研究技术、查阅图纸资料的人多了，团队内部形成了良好的工作学习氛围。一年以后，王树军班组就承担起了车间所有的项修工作，每年为车间节约维修费用50多万元，更重要的是，王树军和班组成员有效保障了车间的正常生产。

秉承着专注和执着的精神，王树军一门心思钻研业务。坚守一线的二十多年里，他从未忘记初心，他总说："是潍柴的'激情、感恩、执行、创新'文化感染了我，我的信念是'不忘初心、牢记职责，干好工作、心中快乐'，我热爱一线的工作，干一行就要爱一行。"

3. 学海无涯苦作舟

工作这么多年来，王树军时刻用"学海无涯"来要求自己，他一心向学，专心致志与设备打交道，对数控设备的钻研和对相关技能提升的学习几乎贯穿了他整个的工作生涯。他用实际行动

⊙ 王树军（右）回到母校与老师交流工作中遇到的问题

和实实在在的成绩，为潍柴、为中国制造业做出贡献。自入职从事维修工作近十年里，他始终坚持学习，不断进步，从来都没有忘记过自己要做一名优秀潍柴工人的初心。

王树军刚入职潍柴时，数控设备还比较少，整个潍柴一共有四台加工中心，厂里一直把它们当宝贝使用，连维修维护工作都是由公司专门成立的高精组负责，高精组的成员是公司经验丰富的老维修工，是真正的"大师傅"，技术水平是王树军这样的"职场小白"可望而不可即的。所以，那个时候，他也梦想加入高精组，学习这类高端装备的修理技术。

1994年，也就是王树军入职后的第二年，从没学习过高端装备相关知识的王树军，为了打基础，偷偷自费报了一个数控培训班，利用业余时间学习数控知识。经过半年的努力，他对数控编程、数控加工等相关知识有了初步的掌握。在王树军的家里，有一张四米长的纸，它几乎可以绕王树军小小的书房转上半周。纸上密密麻麻地记满了数控机床的代码，这是他用了三个月的时间对半年所学的总结汇编。一到空闲时，王树军就拿出来看两眼，不断温习巩固这些内容，以备不时之需。

2001年4月，为了提升自己的技能技艺与相关理论水平，王树军在单位的推荐下，再次回到了母校。他参加了为期两年半的工长技师班的半脱产式业余培训。课程采用德国双元制的模式，理论课和实践课各占一半，以机械加工工艺学、金属材料热处理为主。虽然在以前的学习过程中王树军或多或少也接触过这些技

⊙ 多年的工作经验让王树军养成了做技术笔记的习惯

术，但一直没有完全领会其中的奥义。如今，在生产维修一线有着八年经验的王树军在这次工长技师班学习中发现，很多在实践中弄不清的问题通过理论学习变得更加清晰。他将三年的技校理论学习与八年的工厂实践反复琢磨，不断淬炼，终于融会贯通，豁然开朗，能力方面也有提升。当然，王树军也掌握了一些新技能。比如，电子绘图就是王树军掌握的新技能。日常工作中的零件绘图，大多采用传统的手工绘制，通过学习电子绘图，王树军获得了前所未有的操作体验，突破了手工绘图的材料场地限制，为将来的机械制图创新增添了更多的可能性，当然这也为王树军以后自学CAD绘图软件、彻底摆脱手工绘图的原始方式打下了良好的基础。

在这次培训中，王树军还结识了许多导师、伙伴。工长技师班成员都是各基层单位生产一线推荐的优秀员工，这里是潍柴集团的群英会。大家通过参加培训，一起学习，互相交流。由于岗位不同、工种不同，这种学习交流在之后的工作中也能起到互补的作用。尤其是在后来的设备维修过程中，每当王树军遇到无法解决的难题时，他总会拨通老同学的电话，问他们部门负责这个设备时是怎么操作的，老同学也总是不遗余力地倾囊相授。

结束了两年半的业余培训后，收获满满的王树军并没有停下学习的脚步，而是更加投入，他甚至把全部业余时间都放在了自学上。那时的网络还不发达，他只能购买专业书籍自学，家里大

⊙ 王树军（左二）在进行资料讲解

大小小的角落里都堆满了书，随手拿起一本，就能看到上面密密麻麻的笔记。

4. 知行合一，笃行致远

2003年下半年，潍柴筹建新工业园区，结束了培训的王树军，被调到技术改造部，负责一号工厂部分生产线的预验收工作。

那几年，王树军在行业内有了一定的成就，领导对他很是器重，便把这项艰巨的任务派给了他。王树军对此十分兴奋，因为每一次的验收过程，不但可以让他接触到行业内最先进的装备技术，还可以使他利用空余时间在各个地区学习、参观，开拓眼界，比"窝"在车间里要好很多。

如果把生产线上的设备比作人，那他的一生大致包括规划、选型、设计、论证、制造、安装调试、验收、使用、维保、检修、改造、报废和更新等十三个阶段，而其中的验收阶段包括预验收及终验收，所以，预验收只是设备生命周期的很小一部分。预验收主要是客户组织相关人员到设备的生产厂家现场，对自己所定制的设备进行精度、功能及加工稳定性等一系列指标的核查确认。在核查过程中，客户方会向设备生产厂家提出核查过程中发现的不适合项，共同形成整改建议。在设备出厂前的那段时间里，生产厂家根据整改建议对发现的问题进行整改，最终可以大大降低设备在客户现场发生故障的概率。

怀着激动的心情，王树军承担起了设备预验收的任务，在工作过程中，他觉得自己离儿时的目标越来越近，周围的人都把他当成"大师傅"看待，他心里难免有些飘飘然。没承想在第一次设备预验收时，他却被现实狠狠敲了一棍，重新认识到了自己的缺点和不足。

在一号工厂部分生产线的预验收工作中，无论是具体的操作过程，还是设备的基本构造，都比王树军原来天天面对的那些老设备先进。面对全新的挑战，王树军发现自己原有的经验根本支撑不起现在全新的理论体系，在参与讨论的过程中，他绞尽脑汁也提不出一点有质量的建议。几天的验收工作下来，他的情绪有些低落，觉得自己就像井底之蛙，十几年的维修经验，在科技飞速发展下的新设备面前，变得不值一提。

设备预验收是处在设备全生命周期的前期阶段，很多设备的隐患，可以在这一环节被经验丰富的验收人员检测出来，并要求生产厂家进行整改，减少使用过程中因为故障带来的损失。但面对新设备，王树军就像初出茅庐的新学员一样，找不出任何毛病。"我认为，可以在设备运行过程中增加可视化屏幕，方便操作者了解机器的运行结构。""我觉得可以适当减少设备功耗，降低污染排放。"……看着其他参与预验收的同事们都能提出建设性的意见，王树军的压力与日俱增。为了给自己的工作班组带回新的技术和方法，以便胜任将来的工作，也为了给自己争口气，不甘人后的王树军开始想办法补足自己的短板。

每当接到预验收任务时，王树军都会提前一周跑到不同的专业工厂，如装备公司、160厂、200厂等，研究现有类似设备的构造、原理。空闲时间，他就与车间操作者、维修人员交流，倾听老师傅们的经验和建议。书店里的专业工具书如《气动液压知识100问》《机械加工机床设计》《工装夹具设计制造》等，都被他搬了回去，他常常挑灯苦读到深夜。同住的同事打趣他说："要是人人都像你一样努力，那咱们潍柴厂里就随处可见'大师傅'了！"他不断地学习充电，并结合自己十几年的工作经验，提前对预验收的注意事项一项一项做好分析记录，清楚地标出重点和自己还不熟悉的部分。渐渐地，他发现自己提出的建议获得了大家的认可。

潍柴厂里设备上使用的摆线针轮减速器，传动理论原本十分复杂，通过研究实物，很难完全掌握其内部的具体运作方式，但是经过理论学习，其一齿差原理立刻让王树军豁然开朗。

在验收摆线针轮减速机的过程中，王树军第一个模拟出应用行星传动的原理，使整个验收组都对他刮目相看。他指着机器，将工作原理一步一步推演："整个减速机采用摆线针轮啮合，你们看这里，在输入轴正转一周时，曲柄轴就会跟着也转动一周。这里的摆线轮向相反方向上转过一个齿差从而得到减速。最后一步，再将摆线轮的低速自转运动通过销套传递给输出轴，从而获得较低的输出转速。"看着生产厂家不可思议的表情和同事们赞

⊙ 王树军正在安装调试机器

许的目光，王树军突然觉得自己的努力没有白费，无数个深夜的学习带给他的，是知识的滋养和自信的底气，而这些在未来的工作和生活中也鼓舞着他不断向前。

渐渐地，当初一号工厂生产线上那些陌生的设备和王树军的关系也变得越来越密切。而在后续的验收过程中，厂商也对这个潍柴来的员工赞不绝口。在同行的眼中，王树军也树立了潍柴员工的良好形象。

对于设备厂家来说，预验收时期，验收小组的意见是订单成功的关键。验收过程中，厂家领导总是约验收组的成员们一起吃饭，在饭桌上拉近感情。可王树军在饭桌上却有了自己的小心思。在设备制造领域，生产厂家总是处于引领地位，只有与他们深入交流，才能获得更多一手的新鲜资料和数据。要知道自己在设备现场上"偷师"有多难，现在有这种机会，那为什么不把师傅们也请到饭桌上来呢？

于是，王树军开始私下请设备厂家的设计人员和组装调试生产线的老师傅吃饭，顺带请他们帮自己答疑解惑。饭桌上，王树军总是想方设法地把话题引到设备上，而往往那些老师傅们不经意的一句话，就能让他茅塞顿开，解开工作中困扰自己许久的难题。

一次在饭桌上，老师傅轻描淡写的一句话，解开了王树军想了许久都解不开的难题，他激动地紧紧握着老师傅的手，喊了起来："要不是您的提醒，我再干五年也不明白这其中的缘由！"时间久了，老师傅们也看出苗头来，这年轻人想来"偷师"啊！

不过他们也发现这个年轻人真有一股子钻研的劲头，而他们也能在相互的切磋、交流中补足自己在具体操作中的不足。一餐饭，几瓶酒，敞开心扉的交流让他们惺惺相惜，彼此之间建立起深厚的友谊。这种切实有效的交流碰撞所产生的收获，往往是闭门造车工作多年也学不到的。

这种茅塞顿开式的意外惊喜，每隔几天就会在验收组中"炸"开一次，短短两年的设备预验收之旅，是许多人埋头苦干多年都换不来的实践经历。避开外界干扰，心无旁骛的钻研，不但把王树军所学过的专业理论知识都系统地加深巩固了一遍，更是纠正了他很多习以为常的作业方法，理顺了装备维修中的多条工作思路，为他以后对高端装备的研究打下了良好的基础。也是从那时起，王树军才真正学习到装备制造的前沿技术，一只脚踏入了装备维护管理这一行业的大门。

5. 不服输的韧劲

作为中国最重要的高速发动机制造基地，潍柴拥有世界一流的加工设备。2004年，潍柴准备自日本引进一条生产缸盖的加工中心柔性线。有着丰富经验的王树军被指派参与预验收工作。这份工作，给他留下了一生难以磨灭的记忆，这个时期，也成为他成长过程中的重要节点。

柔性缸盖线的加工中心生产线，采用纯数字控制，主体分为5个环岛，由9台加工中心与5台机器人组成，代表了当时世界一流的装备水平。在这之前，王树军只是见过却从未真正接触过数控设备，尽管他曾经参加过数控培训班，学习了一些基础的数控加工知识，私下里还研究过，但那都是纸上谈兵。面对世界一流的加工中心生产线，此前没有任何可以借鉴的经验，只能靠自己。"这该如何是好？"王树军有些退缩，怕自己的水平不够，给厂里丢人。

当时验收小组的所有人都是学员，主要任务便是学习先进技术，等生产线通过验收投产后，他们中的大部分人就是这条生产线的第一代工程技术人员，也是这条生产线的第一批操作者与维修工，线体的产出、设备后期的维修维护、培养新人等一项项重担都会压在他们的肩头。

验收周期是四十天，日本方面安排专人每天为他们开设专业培训的课程。那四十天里，王树军就像一块吸水海绵，疯狂汲取新知识的养料，一刻都不敢松懈。每天几个小时的课程，好像一下子就结束了，知识来得太多太快，吸收起来相当不容易。为了弄懂一些疑难知识点，他常常忙得连饭也顾不上吃。他还给自己定了一个规矩：除工作时间安排的学习外，下班回到住处，还要再加班两个小时，复习当天所学的知识。为了解决语言交流不便的问题，他还要求自己，每天必须记住十个设备操作页面上的专业英语单词，以便能更好地与技术人员进行交流。

专业的理论知识学习是一回事，实际的操作又是另一回事。

验收期间，潍柴验收组提出的几个整改要求，都被日本专家一致驳回。因为科学技术水平落后于日本，在这些世界一流企业眼里，验收组只是来学习的，他们定型的产品，不可能因为个别用户的要求而做出更改。

而潍柴验收组却有着一股不服输的韧劲。既然生产线要引入中国，自然要符合中国的生产要求。但要让日本方面接受整改意见，必须以行业标准提出最精准的数据。所以，在验收组长的指示下，王树军开始对数据重新进行核对，梳理出液压站温升超标问题。然而，他带着数据找到了日本的专家们。在研讨会上，日本专家组成员坐成一排，潍柴验收组坐在对面。王树军将早已准备好的数据材料拿出来，一项一项地列举说明，专家组成员的表情由一开始的不以为然，转向惊讶，而后是由衷地敬佩。他们不得不相信，在如此短的时间里，中国技术工人的专业程度已经达到了世界一流水平。

会议临近结束时，王树军特地请翻译说了这样一段话："我知道你们看不起我们中国工人，但我们从来都不会为了自己的面子，而无视设备研究过程中存在的问题。依据行业标准，你们的产品不合格，希望你们及时整改，我们会随时跟进设备的验收！"

王树军的话掷地有声，日本专家们对中国预验收队伍刮目相看。他们很快核对了数据，对相关问题进行了及时的整改。当时负责翻译工作的是一位日籍华人。验收结束后，这位翻译老师动情地握住王树军的手说："我跟这类项目跟了这么久，还是第一次碰上你们这样认真、敬业的验收组。你们太棒了！"

这次的预验收工作，既让日本厂商修正了设备原有设计的不足之处，加装了降温设备，又扭转了外厂专家们对中国技术工人的偏见，验收组也获得了应有的尊重。除此之外，这一次的成功大大提升了王树军的自信心。世上无难事，只要肯攀登。他相信，我们国家的工业发展在不久的将来必然能取得令人骄傲的成就，工业实力也会再上一个新台阶。

第四章　平凡岗位的不凡征程

不断突破，努力创新

1. 上下求索，精益求精

随着各生产线设备逐步到位，2005年，潍柴一号工厂的筹备工作接近尾声，为了更好地发挥自己在设备验收过程中收获的经验和技术，王树军主动要求调入一号工厂，继续从事他热爱的维修工作。

为了提升主力产品WP10发动机的竞争力，潍柴除了从日本引进柔性缸盖线外，同时也从德国引进了世界最先进的加工中心线生产机体。在这些顶尖设备的安装初期，负责调试的都是专业的外方工程师。他们在潍柴开展专业设备调整、技术指导的时间最多一年，之后需要潍柴员工全盘接手。因此，尽快熟悉设备、掌握核心技术是潍柴机修人的第一要务。

怎么办？尽管有了日本缸盖线四十天顺利验收的经验在前，但德国的机体线比日本的生产线更精密、更高端，这无疑让王树军感到怀疑，自己真的能行吗？调入一号工厂是他主动提出来的，事到如今，只能留下不能退出，方法只有一个——学。

怎么学？一号工厂维修班一共六个人，除了一位和王树军一样有十年以上工龄的老员工，其他四名都是新员工。年轻人虽然经验不足，但是他们脑子转得快，对新技术接受能力也强。王树军回想起之前两次的验收经验，想以德文翻译人员为突破口，拉近关系，多问多学。德文翻译人员姓于，大家都叫他于先生。于先生是德国海勒公司的中国员工，兼职做翻译，同是中国人，在情感上有天然的亲近关系。白天，王树军团队和于先生一起跟在外国专家后面，拿着小本子抄抄记记，一跟就是一整天。到了晚上，他们热情的邀约让于先生颇受感动，一起喝茶吃饭，谈天说地，处得相当不错。休息时间，王树军也没有懈怠，一有时间就翻看设备资料，白天没学透的，晚上就把资料带回家继续研究。在每一个重点上做标记，准备第二天在"偷师"的过程中解决疑难问题。

到了调试设备的关键时刻，团队成员们不失时机地把早已准备好的问题交给于先生，于先生也总能把关键问题问得明明白白。他们知道，于先生是有心在帮他们呢。虽然是"偷师"，但王树军总是骄傲地对同组的成员说："咱们这样'偷师'不叫偷，是为了技术的进步，相互交流！"

相比之下，德国专家就没那么容易相处了，他们工作时，王树军不但搭不上手，就是靠近看一看都会被制止，还会让翻译转告他，工作时不喜欢有别人在旁边影响。其中有一位专家W先生更甚，在工作过程中对中国工人保密，甚至会在干活前，在工作区域拉上警戒线，一旦有不相干的人进入，他扭头就走。当时他负责调试三台加工中心，产出的零件是发动机上的齿轮室。齿轮室属于薄壁件，需要用两个很大的平面进行加工，且平面度是0.1毫米，要求十分精准，只有这样才能保证零件的正常使用。要知道原本在专用机床上加工齿轮室是很容易发生变形的，所以王树军一直很好奇德国人制定的加工工艺是怎么解决变形问题的。可每当王树军靠近时，W先生就表现得很不友好，总是皱着眉头走开。王树军在试图通过于先生来请教他，结果他总搪塞着说，项目完成后会有专人进行培训讲解。王树军听出了他话里的意思，只能作罢。

不过德国专家也有头疼的时候，因为直到整个项目结束，那个关于0.1毫米的平面度问题，仍然没有彻底解决。德国团队用尽了办法也一筹莫展，加工件废品率始终高达10%。最终他们只能通过商务办法处理解决——赔偿潍柴集团货款，在这一项目上宣布"缴械投降"。

培训结束时，王树军对照图纸，再三请教了培训师，从中了解到德国加工工艺的细致与独到之处，可以看出，在0.1毫米平面度的问题上，德国人还是下了很大功夫的。但为什么没有成功呢？这个问题一直留在王树军的心里，这为他后来的创新突破埋下了一颗种子。

零件真正投产后，10%的废品率着实让人心疼，因为精铣平面是最后的加工工序。不要说负责齿轮室热加工的铸造工人师傅要挥汗如雨地在1700多摄氏度的铁水中一件件地进行熔铸，单说王树军所在车间负责的冷加工，也要从坯件开始，使用近30种刀具，把粗糙的坯件一点点加工成亮闪闪工艺品似的成品。生产线设计的日产能是100台，虽然没有满负荷生产，但是日产量也得有近50台，光这50台中每天就有5件废品产生。这样一来，不但车间产生了高额的废品损失，工人师傅们每天也要做大量的无用功。看着凝聚大家汗水的产品被判定不合格，扔到废品区等待回炉重铸，王树军的心里很不是滋味，他暗想：不管多难，我必须尽力一试！无论如何也得解决这个问题！

虽然有决心，但能不能解决这个问题，王树军自己也没把握。毕竟，这是连熟悉设备的外国专家也解决不了的问题。

对于王树军来说，面对困难唯一能做的就是沉下心来，仔细琢磨，大胆假设，小心求证。王树军认为问题的根源是出在工装夹具上，只要能将旧加工工艺的成功经验与新设备相结合，问题应该就会解决。之后的一个月里，只要没有其他任务，王树军都会和同事们认真研究这台加工中心的液压工装夹具图纸。这套工装的主压力超过200公斤[1]，完全由液压顺序控制，与国内常用的45公斤主压力、电磁阀分路控制的液压工装有很大区别，其中包含多种类似二次去应力控制的新液控技术应用。好在王树军之前进行厂家培训时，对新液控技术的工作原理有过认真详细的了解再对照液压原理图资料，结合实物，一条支路一条支路地研究，一个点一个点地核对，终于发现了其中的奥秘。

原来，这套工装应用了多种新型控制技术，每一条分支路在传统液压回路的控制上，都用相应的减压阀和调速阀来控制压力和速度。尤其是在作为变形补偿的各个辅助支撑回路上，为减压

---

[1] 这里的公斤是公斤/平方厘米的简称。

阀和调速阀的设计留出了很大的调整空间。对于工件上易发生装夹变形部位的控制，比人工干预的处理先进多了。既然各支撑点都可分级调整控制变形，为什么还会产生废品呢？这个钻入死胡同的难题，困扰着王树军，除了不断调整支撑压力来验证加工效果外，他想不出任何处理方案，整整半个月，王树军冥思苦想，甚至连做梦都在研究装夹变形的图纸。

事情的转机出现在一次冲击钻的使用上，王树军在打地基螺栓孔的过程中，钻头遇上硬点，出现了明显的跳动。看着跳动的钻头，他豁然开朗，并由此断定，是具有自锁功能的辅助支撑，受加工过程中的冲击后出现了脱离现象，造成支撑失效，从而引发加工变形。可能由于脱离距离很小，且支撑安置在工件内部，导致他一直没有发现其中的问题。

联想到旧加工工艺中的人工干预处理，王树军决定采用弹性支撑替代法对工装夹具进行改进。可改动刚刚验收的新设备，尤其还是进口设备，可不是一件小事，车间领导说了不算，还得请示上级，他有些犯难。一方面能否真正解决其中的问题是个未知数，另一方面同事们也对他的想法充满了怀疑。关系不错的同事劝王树军："老王，还是别去惹麻烦了吧。改进不成功也就罢了，万一改动后效果更差，那么大的责任，你怎么承担得起！"可每天看着那些废件回炉重铸，王树军实在心疼，觉得自己没有担起一个维修工该担的责任。更重要的是，他对自己的想法还是很有把握的。同事见劝不住干劲十足的王树军，只得拍拍他的肩膀，给他精神上的支持和鼓励。

王树军鼓起勇气，将自己的想法和单位领导沟通后，意外地得到了厂长的认可。为了不辜负厂长的支持和鼓励，他暗下决心，一定要将这次的任务圆满完成！在操作之前，改进方案一定要完备。他计划实现所有零件在原夹具的基础上进行自制，不改动夹具上自带的任何东西。万一改进没有效果，他也有信心将设备复原，只产生自制零件的费用，不会给厂里造成大额的经济损失。

按照王树军的改进方案，采用弹性支撑取代原有的刚性支撑，根据工件结构特性及支撑点的不同位置设置不同的支撑力，达到各支撑点即使受到加工过程中的冲击，也不会与工件支撑点脱离。工树军和班组成员反复试验，利用三天时间，完成了各支撑点、支撑力的重新调校。经过连续一周的切削试验，终于达到了预期效果，不仅彻底解决了平面加工的超差问题，更是将产品废品率控制在0.1%之内。

厂长开会表扬了王树军和班组成员，在大会上，他们骄傲地喊着："中国工人不比外国工人差！""他们能做到的，我们能做到，他们做不到的，我们也能做到！"

设备交付半年后，德国公司进行用户回访，王树军再次见到了这条生产线的调试负责人W先生。W先生听说，潍柴已经自主解决了废件这一大难题，抱着怀疑的态度，要到现场核实。这个一直质疑中国工人技术的德国人，认真地检查了设备的整改情况，查阅了设备的交接班记录（设备交接班记录由操作者详细记录设备每天的运行情况，包括但不限于刀具更换记录、加工的合格品及废品数量等信息）。他通过于先生与王树军进行了细致的交流，最后赞佩地向王树军竖起了大拇指。想到当初W先生不屑一顾的眼神，王树军觉得不仅是自己争了一口气，也为中国技术工人赢得了应有的尊重。

此后，王树军进一步提出成立中外联合设备调试小组的建议，面对这个解决了自己无法解决的难题的中国工人，W先生不得不同意这一要求，使得中国维修人员打开了国外高精尖设备维修这一禁区。而以王树军为组长的中方调试小组也不负众望，联合调试仅四个月，就解决技术难题72项，不仅得到了外国专家的肯定，更积累了3万多字的技术资料。

2004年、2005年这两年是王树军参加工作后收获最大的一段时间。从开始对数控设备一窍不通，到一点点认知进步，再到后来熟练掌握核心技术，王树军和班组成员快速成长起来，独当一面。他们不但接手了车间的高端数控装备，也开始独立解决设备故障，在学习实战中不断累积经验。王树军常常说，只要千千万万坚守在一线岗位的产业工人都来做工匠精神的坚定践行者，中国制造业自主创新就会有无限的活力，就能迈向高端，拥有无限的可能性。

2. 行业领先的探路者

凭借着精湛的技艺，王树军渐渐成为潍柴乃至国内发动机行业设备检修技术的集大成者，但是在和国外高精尖设备打交道时，有的外国专家始终认为某些技术中国工人无法掌握。王树军说，在顶尖设备安装初期，负责调试的都是外方工程师，中方人员总是被他们当作观摩者。于是，凭着一股不服输的劲头，王树军向国外权威发起了挑战，不懈攀登国外高精尖设备维修的新高度。

2008年至2011年，潍柴的产量达到新高。为了平衡产品的供求，在将近三年的时间里，员工忙得几乎不休班。在这期间，机器的每一次停机都意味着一次重大的损失。

2008年下半年的一天，一台加工中心数控转台锁紧装置严重漏油，整条生产线都面临停产，员工们面对定位精度千分之一度的外国机器束手无策。

加工中心的很多精密部件，是厂家的核心技术，维修手段与措施也是严格保密的。厂家没有配套仟何有价值的资料，对中国服务的工程师也采取了严格的技术保密制度，想让中国工人一直依赖他们的技术。这种状况的常规处理，是把设备整套拆下来发回德国厂家，即使不计算费用，只一个来回的海运的路途就至少三个月。停产三个月，将会给潍柴带来不可估量的损失。

王树军当时就有尝试自行维修的想法。"咱们不可能永远依赖外国人，这个问题早晚要面对。"他想着跟领导说说看，争取一下这难得的机会。厂长听到王树军的请示后，一直在机器面前来回踱步，终于同意了让他试试看。王树军心里知道，这一次，厂长为他顶着多大的压力。价值上千万的设备，不是想修就可以修的，任何细微的尝试，企业都是要承担风险的。

厂里的同事说："领导都同意了你的提议，那你就放手去做呗，犹豫什么？"

⊙ 王树军（左二）参加2011年潍柴集团第三届运动会

⊙ 王树军进行加工中心工作台检修

"万一做不好，厂里的经济损失……"

同事打断了他："花钱修就花钱呗，又不是花你王树军的钱，你瞎操什么心？"还有人抱着疑问，在私底下悄悄议论："他不就仗着自己出国学过一点儿技术，凭什么修人家国外的高级机器？"

但王树军从来都是一个不畏困难、敢于直面挑战的人，作为制造业的一线员工，对设备维修的研发和创新是早晚的事，中国制造业的发展不可能一直指望国外厂家，王树军想做这个"探路者"。中国工人如果没有一点精气神，不敢想、不敢做、不敢闯，那什么事也干不成！

话虽如此，重重压力却让王树军的身体起了反应：焦虑难安，上火导致嘴里起水泡，喝水都疼。活儿揽下来容易，真正解决起来可谓难上加难。

王树军结合多年的工作经验，谨小慎微，一步步地攻克技术难关。他根据转台外露零件的位置，自己先绘制了理论上行得通的传动示意图，初步制定拆检思路。可真正到了动手修理时，光拆设备就用了三天。

面对琐碎而又精密的零件，王树军无数次地产生了焦虑、畏难情绪。长时间保持同一个拆解动作，他的颈椎、腰椎也有些受不了。生理心理双重的压力，让他的情绪有些崩溃，几次想过要放弃。长时间面对一个可以转动的零件，却不知怎么拆卸时，那种莫名的焦躁让他产生强烈的挫败感，他开始反复问自己，当初决定进潍柴的初心是什么？是当一名优秀的技术工人。每当想到这里，他焦躁的内心就会平静下来。

维修的第一步，是将所有零件拆解下来进行检查。起初，在没有装配图和任何可借鉴经验的前提下，王树军只知道转台下安装了圆光栅、复合轴承及蜗轮蜗杆等精密传动零件，机器间排列着多级调整垫片用来调整工作台传动机构的各级间隙，任何一个环节的失误，都会导致精密零件的损坏，造成难以弥补的损失。

为了保证机器拆解后还能原封不动地还原，在拆解零件的过程中，王树军坚持能人工拆卸的零件就不用吊装工具。拆下的每一个零件，他都仔细做好标示，分类摆放，便于拿取。拆一点儿就用相机拍一点儿，记录下来，等收工后再具体分析，及时调整拆检思路。厂长几次来验收工作，都被王树军的细心和认真所打动，为了让他放松一点，厂长拿王树军打趣："我看树军这细心程度，不比女人差呀！"

熬过了一个又一个不眠不休的夜晚，终于，王树军在一堆零件中找到了故障点并顺利修复。"这次维修，我自己也着实自豪了一把，更为后续工作的开展增强了信心和动力。"修复工作顺利完成让王树军松了口气，他明白这一切才刚刚开始。

在通往技术攻坚的道路上，王树军从不懈怠，他一次次解决了进口数控设备的行业难题，打破了国外的技术垄断。一次次设备维修的成功，是王树军个人的成功，也是潍柴集团，乃至整个中国装备制造业的成功，因为它开创了数控转台摆脱国外厂商垄断维修的新局面。

3. 质疑？打破质疑！

在求新求变的潍柴，考验总是一个接着一个。一号工厂是潍柴重要的高端发动机制造基地，拥有许多世界一流的加工设备。德国产的加工中心光栅尺就是其中之一。由于生产频率过高，加工中心光栅尺故障频发，解决这一问题迫在眉睫。

此时的王树军，已经不满足于设备的维修。有了之前几次学习与尝试的基础，一个更大胆的想法闪过他的脑海：改造德国的原始设计，根治设备的顽疾。

光栅尺是加工中心的位置检测反馈元件，相当于人的神经，一旦损坏只能更换。数控指令要求刀头前进1毫米，可刀头到底有没有前进1毫米呢？全靠光栅尺来判定。光栅尺铝制的外壳里有一把玻璃制成的尺子，尺子的精度达到千分之一毫米。内部系统通过发射激光来读取刻度，达到对机械位移的精确反馈。

光栅尺不但是一台极精密的仪器，对工作环境清洁的要求也极高。即使是一个PM2.5颗粒的进入，都会覆盖尺子两个以上的刻度。每一台加工中心至少有三支直线轴光栅尺，当时一号工厂有15台这样的加工中心，45支光栅尺的故障率就能达到47%。一旦发生故障，不仅采购备件花费巨大，还会严重影响生产进度。

光栅尺大部分都位于加工区，恶劣的加工环境及加工中心本身存在的设计缺陷，导致其频繁损坏。王树军说："那时候我们做过统计，加工中心45支光栅尺，每年几乎都要换一个遍。"一般来说，一个成熟的产品，除非使用或维护不当，否则不可能有如此高的故障率。更何况，工人们每天精心维护这些设备，操作过程也是精细无比。

"我怀疑这批设备有设计缺陷，导致了光栅尺频繁损坏。"王树军的质疑惊呆了众人。他对设备的质疑，同样招来了很多人对他的质疑，世界最先进的设备怎么可能会有设计缺陷？而且还是由一名基层工人提出来的。王树军的质疑无异于将自己推到了风口浪尖。

一名合格的装备维护管理者，仅仅能处理设备故障是远远不够的，还需要对设备自身存在的不能适应生产现状的部位进行适应性改进，让设备更好地为生产服务。

王树军不顾众人的质疑，一心想根治这一顽疾，但是动手就有风险，一旦失败，损失可能更大。王树军把想法和顾虑跟领导汇报后，领导一如既往地支持王树军的想法："放开手干就行，出了事潍柴给你兜着！"得到了领导的支持，王树军解决问题的决心更加坚定了。

解决此类问题最关键的就是要找准缺陷、分析透原因，才能对症下药。为了找出问题的根源，王树军白天查阅资料、研究设备，晚上对照资料冥思苦想，夜里也睡不着，一闭上眼，满脑子都是设备原理图，做梦都在翻资料、画图纸。

对照资料查找问题需要钻到设备工作台底部，当时正是烈日炎炎的七月，潍坊平均气温高达35℃，工作台底部空间特别狭小，有时为了落实一个问题，王树军在里面一待就是一两个小时，每次出来时浑身都是汗水和油污。功夫不负有心人，经过一

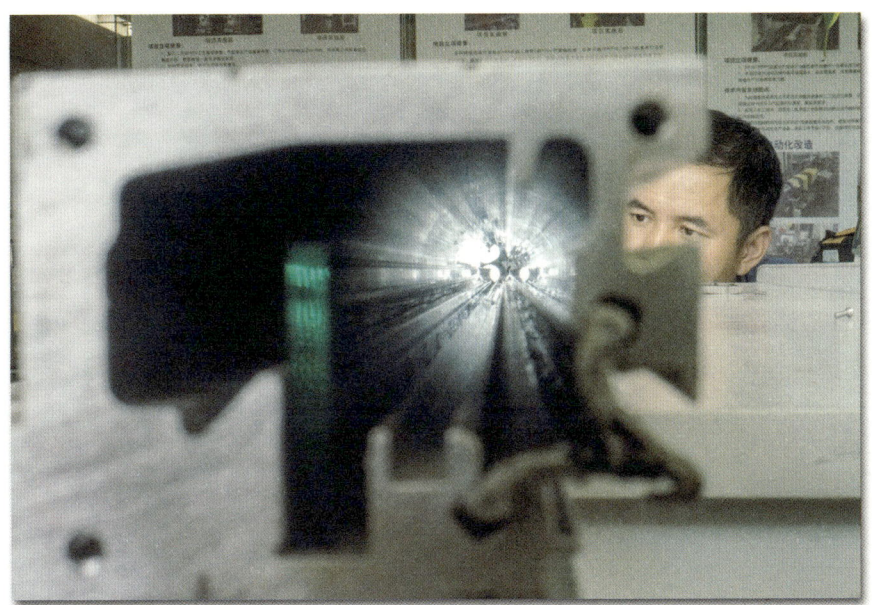

◉ 王树军开展光栅尺研究

次次排查，短短一周的时间，王树军终于找出了问题根源：设备本身的设计中，用到的所有油路和气体管路都会汇集到一根钢轴里，通过钢轴上的小孔分配到机器的各个部位。其中气体的压力只有5bar[1]，而与它相邻的一路液压油路，压力高达200bar。而把它们分隔开来的，只是一道小小的密封环！因为压差太高，密封环一旦磨损，气路很容易就串进油来，从而进入设备的整个气路系统内。设备气路中还分布一路压缩气体专门分配给光栅尺，使其在相对密封的光栅尺内部形成正压力，从而阻止外部灰尘及杂物的侵入。如果串入的油液随气体进入到光栅尺里，就很容易把读头的内部电路烧坏。

能发现这样的设计缺陷，主要归功于王树军对整个加工中心细致入微的了解。找到出现故障的原因，修复缺陷反倒成了手到擒来的事情。王树军在主气路之外单独为光栅尺设计安装了一路压缩清洁空气，之后的几年时间里，厂里的任何一支光栅尺再没出过任何问题。这项改进攻克了国外加工中心光栅尺气密保护设计缺陷的难题，将其故障率由40%降至1%，创造年经济效益780余万元，填补了国内空白，成为中国工人勇于挑战进口设备行业难题的经典案例。

在这之后，只要设备有疑难频发故障，王树军就会首先质疑，反复地问自己：怎么了？为什么？如何修？

在高端设备维修领域，他一路过关斩将，屡屡打破国外技术垄断，用实力彰显新时代潍柴"匠人"的风采。

---

[1] bar是一个常用的压强单位。1bar=100kPa=10N/cm²

⊙ 王树军（右）进行光栅尺装配

弘扬精神，代代传承

1. 劳动+激情=创新

为了加快推进新产品的市场投放，2012年，潍柴开始推行装备自动化改造，一号工厂作为试点单位先行。2014年，王树军仅用十天时间，成功改进进口双轴精镗床，解决了产品新工艺刀具不配套的加工难题，缩短了新产品的投产周期，节约购置资金300余万元。2016年，他又用短短五十天时间，主持完成了气缸盖两气门生产线向四气门生产线换型的改造，改进设备15台（套）、改进工作装置20套，累计节省采购成本1024万元。

"树军，这第一个项目给你做，一定要把这个项目做精、做好！"分厂领导指定王树军为"气缸盖手铰自动化"项目的负责人。又是一个全新的领域！以前修设备、改设备，现在要造设备。经过几年的学习和锻炼，王树军面对新的挑战时不再犹豫、徘徊。一接过任务，他就马不停蹄地展开了研究。

他经常对一起工作的同事们说："不要小看设备的任何一个设计环节。"尽管做好心理准备，但真正开始设计制作时，立在王树军面前的是一座大山，需要他一点一点往上攀。从无到有，没有任何设备可以借鉴，甚至设计好的部件都需要二次拆解、仔

⊙ 自动化改造的第一台产品——气缸盖导管孔自动机铰装置

细研究才能理解其原理构造。维修与设计是一个领域的两个层面，很难逾越。

"军哥，这该怎么设计呀？我们都不知道从哪儿下手了！"设备是否好用的关键就在于设计，不光是王树军自己，项目小组的成员都没有这方面的经验。

王树军只能用笨办法来解决——现场蹲点。牵涉的每一个尺寸，都在现场一尺子一尺子去量，去确认；设计出来的每一个零件，都一遍遍去推敲，去核实；编制的每一个动作，都一次次试验，落实可行性。虽然工作中有数不清重复、机械的劳动，但每个成员的激情都丝毫没有减弱，大家心往一块想，劲往一处使，向着最终的目标前进。

在王树军和小组成员的努力下，他们从设计、制作到组装、调试，前后用了近两个月的时间，创造性地研发出"气缸盖导管孔自动机铰装置"，解决了气缸盖漏铰及铰孔质量差的问题。最终他们的项目完成并通过了工艺验证投产，给自动化改造工作开了个好头。这一装置每年创造效益50余万元，获得国家实用新型发明专利。

每次经过这台手铰气缸盖，王树军都能回想起当初和小组成员一起挥汗如雨的激情岁月，看到机器的正常运行，他心里是满满的骄傲和自豪。

从2012年至今，装备自动化、智能化改造工作在潍柴各部门已经成为常态，这不但大幅降低了人为因素造成的安全和质量隐患，提高了生产效率和过程保障能力，更重要的是，它为潍柴培养出了一支敢想敢干、勇于挑战和创新的装备保障队伍，进一步激发了广大员工的创新创造热情，开创了造物育人的新局面，为把潍柴打造成为受人瞩目的国际化强企奠定了坚实的基础。

2. 工作室就是试炼场

"一花独放不是春，百花齐放才能春满园。"技术工人是推动中国制造业高质量发展的基石，技能技艺是每一位技术工人的立身之本。如何促进技能型人才技艺的提升，更是每一个企业都重点关注的事情。

为了培养更多技能型人才，潍柴后来成立了多个工匠创新工作室，设置了形式多样的学习活动内容。一是制定导师带徒制，由工匠及高级技师组成导师团队，直接与年轻员工签订导师带徒协议，并出台导师带徒管理办法，督促该制度的有效实施。二是开展自动化改造项目，让技术人员在实践中学习，快速提升相关技能。三是开展以技能提升为目的的技能比武活动，在比武中检验、提升参赛人员技能。四是以案例分析、典型故障交流会形式提升维修人员技能等。

改革开放以来，各级党委和政府都高度重视技能型人才职业能力的提升工作，出台了多项激励措施来提高技能型人才知识水平，提升技能型人才的学习热情。岗位练兵、技能比武就是这些措施中最受一线员工欢迎的一项基本活动。国家级技能比武一般分为一类、二类两种赛事，赛事产生的优秀选手，会被优先推荐为技术能手，颁发"技术能手"证书，有的还会被潍柴集团破格聘任。如果说证书是国家对该选手高超技艺的认可，那么破格聘

⊙ 王树军（左二）与同事在巡检设备

任则是企业对这类高技能人才的肯定。

除了国家级、省级赛事，工作室每年还会开展以技能提升为目的的技能比武活动，进行各类技能比武八到九次，提升参赛人员的素质能力，选拔出的优秀选手，则推荐去参加更高层次的技能大赛。王树军创新工作室的成员甘洋洋，正是其中的佼佼者。他连续参加了多次技能比武，在企业赛、市赛、省赛三级试炼场中脱颖而出。获胜的他不骄不躁，后来又在国家级赛事中发挥稳定，一举夺得了国赛二等奖的好成绩。山东省人社厅为他颁发了"山东省技术能手"证书，企业对他破格聘任，由技师破格聘任为高级技师，薪酬等级提档四级，后来又为他单独成立工匠创新工作室。甘洋洋的成功不仅是他个人的成功、工作室的成功，更是整个潍柴人才制度改革的成功。在潍柴，这种方式目前已经制度化、常态化，为一线员工岗位练兵、技能提升开辟了光明大道。

王树军创新工作室是在2013年成立的，是集团首批筹建的七个工作室中的一个。工作室根据创新项目临时搭建班子，由王树军邀请成员加入，起初成员47人，其中首席技师2人，高级技师7人，主要研究方向是装备的前沿技术及维护管理。每当接到任务，王树军即刻带领团队开始新的试炼。

在创新攻关方面，王树军创新工作室的主要任务是对工艺、设备优化改进及对前沿装备技术的探索。

自2016年以来，工作室开启了新一轮的蓄力，王树军带领工作室成员全力以赴，参与到潍柴 H 平台产品线[1]的设计制造中，

---

[1]　潍柴H平台线是指潍柴高端产品线。

⊙ 王树军在进行设备精度检测

该产品是中国制造的第一款有实力参与国际竞争的柴油机。项目在一号工厂实施，王树军创新工作室承担了部分技术攻关项目。

同年，潍柴推出了一款引发行业震动的产品——WP9H/WP10H发动机。由于其具有出色的动力性、经济性和可靠性，该产品受到了国内外用户的一致好评。这是一款潍柴自主研发的国内领先、世界先进、国Ⅵ排放[1]的大功率发动机，是中国内燃机的高端战略产品，有名副其实的"中国心"。产品投放市场以来订单持续火爆，完全超出日产120台的设计预期。

拥有国内企业唯一的内燃机可靠性国家重点实验室的潍柴，在H平台上生产的WP9H/WP10H发动机要凭借什么样的实力才能征服市场？当时市面上大多数卡车的故障都出现在发动机上，一款性能优、可靠性强的发动机对于减少车辆故障率、提升运输效率起到了十分重要的作用。有需求就要紧跟供给，要想提升产能，最简单的方法就是增加新设备，但至少十八个月的采购周期极大地制约着潍柴与外国产品的竞争。"既然我们的产品已经实现了从中国制造向中国创造的突破，那么我们的设备同样可以实现自主研发制造的突破！"王树军决定带队为WP9H/WP10H这颗"中国心"自主造血。他采用加工精度升级、智能化程度升级的方式，升级主轴孔凸轮轴孔精镗床等52台设备，自制"树军自动上下料单元"等33台设备，制造改制工装216台（套），优化刀具刀夹79套，不仅节约设备采购费用3000多万元，更将日产能从120台提高到160台，缩短市场投放周期12个月，每年创造直接经济效益

---

[1] 国Ⅵ排放是指内燃机的排放标准符合国家第六阶段机动车污染物排放标准。

⊙ 王树军在进行镗杆精调

1.44亿元。

为实现生产现场高端装备的数字化管理，使生产线实现智能制造目标，自2018年起，由王树军创新工作室牵头，搭建生产现场加工中心数据信息采集工业网络。工作室通过追加设备振动、电机温度以及液位等参数采集，实现对生产数据的实时监控和异常分析，逐步实现加工车间主要装备的信息数字化、流程数字化、业务数字化。其中，"××机加工生产线智能制造的探索与实践"项目获中国设备管理协会创新成果一等奖。

根据业务实际，王树军创新工作室加大了新兴工业装备的研究与探索力度，针对工业机器人现场普及率陡增、运维依赖外委厂家这一现象，开展了自主攻关。利用近一年的时间，完全实现了工业机器人运维自主化。由王树军创新工作室主导完成的"多措并举，提升清洗用机器人使用寿命"项目获潍柴集团2020年工人革新成果一等奖，该项目通过改造原机器人气密气路、自主维修RV减速器、制定针对性重点养护等措施，提升了清洗型机器人使用寿命，并探索出自主维修RV减速器的新操作法，创造年经济效益达180余万元。他们的成果不仅如此，他们设计制作的"12气门挺柱自动装配单元"项目获潍柴集团自动化改造优秀项目一等奖，该项目通过自主设计制作气门挺柱自动装配单元，用设备替代人工装配，解放了劳动力，生产效率提升10%以上；"搭建缸盖复线，提升WP9H/WP10H产品产能"项目获潍柴集团工人革新成果一等奖，该项目采用旧设备进行升级改造，搭建出7道工序的复线，实现了废旧设备再利用，将气缸盖加工日产能由700台提升至

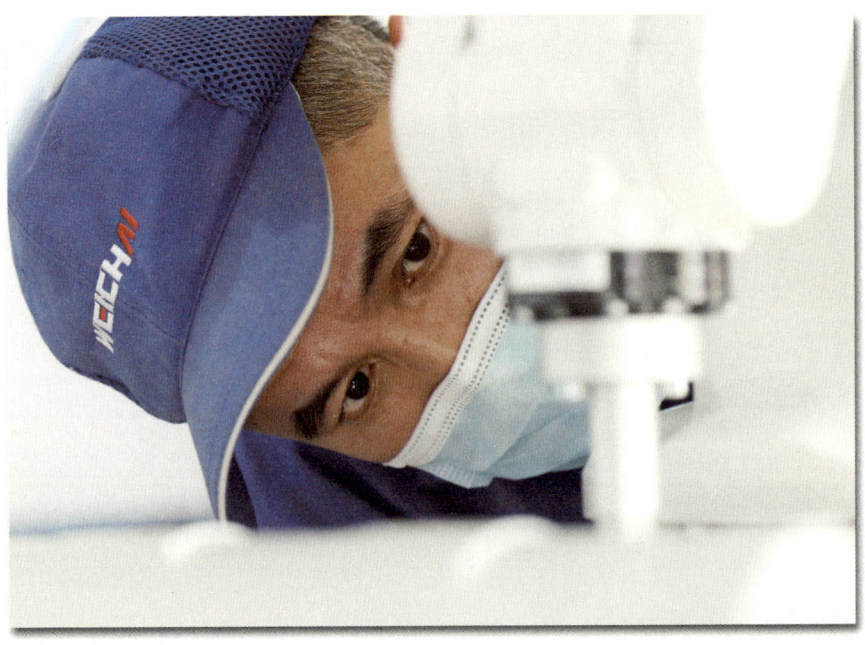

⊙ 王树军正在调试机器人

800台。

深入潍柴就会发现，有这样一群人，他们平时沉默寡言，一谈及工作和研究时却滔滔不绝，饱含热情。他们将潍柴企业文化融入血液，将潍柴的发展当作梦想，他们从基层维修工成长为行业大师，他们不惧严寒酷暑，默默坚守在最艰苦的生产一线，他们一心一意做研发，持续刷新行业纪录。

企业和员工就像船舶与船员，企业载着员工在大海中航行，只有全体员工齐心协力，才能扬帆远航；而对企业来讲，不仅要为员工遮风挡雨，更要创造条件激发大家的工作热情，让大家通过努力实现梦想和个人价值，收获幸福。潍柴也正是这样做的，才会吸引这样一群得力干将。

王树军创新工作室至今完成重大职工创新成果250多项，累计创造经济效益6800余万元；在国际主流数控加工中心维保、升级方面处于国内领先水平，独创了3项先进的工作法；先后获得国家专利11项，获潍柴科技大会工人成果革新奖43项，其中，特等奖3项，一等奖10项。

3. 前浪奔涌，后浪紧跟

在车间常常能看到这样一番景象，往日朴实话少的山东大汉王树军，在设备前传授经验时就会打开话匣子，说个不停。无论何时，他始终将忠于企业放在首位，他常说的一句话就是"不忘初心、牢记职责，干好工作、带好学生"。

作为目前潍坊市唯一的大国工匠，他走出潍柴，通过言传身教，在社会上大力弘扬工匠精神。潍坊科技学院、潍柴职业大学

⊙ 王树军（右一）开展培训授课

⊙ 王树军（左）为徒弟讲解设备情况

聘请他为客座教授，并为他建立了工作室，定期为学生授课，每年培训学生2000多人次，影响和带动了大批青年人。王树军为学员制定课题计划，将自己掌握的绝活与手艺分期手把手教授给他们。他采用灵活的授课方式对公司技能型人才进行不定期培训，培训结束后让学员对培训效果及培训满意度进行评判。如今的王树军已成长为公司正高级讲师，每年培训时长不低于52课时，培训人员在700人次以上，培训平均满意度达98.97%。

工作室的工作一直在稳步进行，除了创新、研发，另一项核心工作就是培养更多技能型人才。工作室结合潍柴集团工会提出的千名工匠培养计划，采用多种方式进行技能技艺的有效传承。

通过项目式学习，工作室成员积极参与项目的设计制作来提升能力与水平，他们在干中学，快速提升参与人员技能。在项目式学习中，工作室成员积极性很高，在进行"柴油机试车连接盘自动拆卸装置"项目时，工作室年轻一代甘洋洋、王平、李文博、陈修达、吴建新、管培伟等成员都参与其中。除此之外，工作室中还有专门负责机械结构设计的人，有电气工程师，有视觉相机调试员，以及实习大学生等。项目的完成，需要大家的共同努力，只有每个人都把自己负责的内容做好、做精，才能让整个项目顺利完成。

挑战一个接着一个。

潍柴新一代高端产品采用全新4气门整体式气缸盖，其设计较前代产品实现了革命性突破，加工难度也又上了一级台阶。为了保证生产线平衡率，潍柴公司决定在导管阀座底孔工序启用三台

⊙ 王树军（右）在进行机器人培训

加工中心，以并行作业的方式生产。柔性加工中心以其多品种换型作业而独占优势，但工序间转换效率低，成为这一项目的硬伤。

这个难啃的硬骨头自然分配到了王树军创新工作室手里，在工作室成员的字典里从来就没有"不行"这两个字，"跨工序智能机器人协同系统"成为他们又一次大胆尝试。

"采取什么方法才能既提升加工效率，又能保留原有的作业优势呢？"李文博和吴建新坐在机器前摆弄着一个个小零件。"要怎么合理利用光感设备呢？"在一边站着的实习大学生小丁，也凑过来参与讨论。

每次在项目遇到困难的时候，大家总是像这样坐在一起头脑风暴，这个画面，是工作室攻坚克难的一个最微小的缩影。

凭着不轻言放弃的团队合作精神，工作室的项目进展顺利，成功攻克了柔性加工中心的项目难题。经过一次次的合作、创新，工作室里，师徒之间成了朋友，形成了十分融洽的合作互助关系，工作室越来越像一个和谐温暖的大家庭。

好老师首先是好学生，王树军就是一对一地在师傅的带领下，脚踏实地一步步成长起来的。他将这样的师徒关系延续下来。在工作中，他对徒弟的细心呵护、谆谆教导也是出了名的。对王树军来说，导师带徒也是一次深入学习的机会，年轻人的思想活跃，有时提出的问题也需要王树军仔细斟酌后才能作答，有些时候还需要查阅资料，这无形中既提升了他的能力水平，又取得了相互学习、共同进步的效果。

在王树军创新工作室中，不论是职业院校学生，还是名牌大学毕业生，王树军都是一视同仁，严格要求，力争帮徒弟扣好入职后的第一粒扣子。参加工作多年来，他深刻地认识到，一名优秀的制造业员工，不仅要具备过硬的专业技能，更需要有严谨的职业道德，做到德才兼备。专业技能往往容易传授，但是职业道德，只有身体力行，才能真正让徒弟感受到自己对潍柴、对维修工作的热爱。

在一次交流会上，王树军语重心长地说："面对我们实体经济领域的年轻人，我最想说的就是珍惜自己的岗位，正视自己的工作，不要好高骛远，只有脚踏实地、持之以恒、创新工作才是正道。"说这话时，王树军总是会想起自己的师傅。

4. 徒弟眼中的师傅

小丁加入王树军创新工作室的时候是一名清华大学的应届毕业生。学机械制造专业的他刚刚结束了一个月的生产一线实习工作。因为表现优异，他被推荐进入工作室，成为王树军的徒弟，参与"缸盖自动离线检测"的创新项目。这个项目主要是安装在缸盖精铣工序后，替代操作者进行重达150千克缸盖的抓取、翻转及输送至平台的检测辅助任务。

小丁第一次见师傅时，王树军正带着组员在攻克一个零件安装的难题，蓝色工作服上一枚党员徽章亮闪闪的。师傅长着一张标准的国字脸，浓黑的眉毛显得英气逼人，但那眉头总是皱着，随着那手上的动作时而微蹙，时而紧皱。他的手一直没停，操作到零件的精密部位时，嘴唇紧紧抿着，手指毫不松懈地握着仪器。

⊙ 王树军拆检伺服电机

小丁眼里的王树军是个脾气温和的人，但跟着师傅干得久了，他也渐渐发现了师傅的另一面。

当时"缸盖自动离线检测"项目已经处于预安装调试期，自制件和外购件还没有到齐，所以安装工作只能装装停停。王树军就让小丁从设计的图纸资料中先对项目进行整体了解。小丁看其他同事都在一线忙碌，自己却被分配到这里看图纸，心里有些不满。那时的小丁总是爱盯着图纸发呆，直到眼前出现一个蓝色衣角的时候，思绪才重新拉回到眼前的图纸上去，拿起笔在图纸上勾勾画画。

"我那时候真的不明白师傅的心思。"小丁说。

有一次，他在师傅的办公桌上发现了自己发呆时勾勾画画的图纸上，被师傅密密麻麻地标注了所有的优点和缺点，并将他错误的地方一一修正。看着师傅一笔一画的批注，他想起师傅每次看向他时赞许的眼神，心里才明白了师傅让自己看图纸的用意。

受现场环境影响，"缸盖自动离线检测"项目的桁架无法应用标准的龙门结构，王树军创新性地采用单支点托举与双支点支撑并存的方式。小丁看到这个结构后提出异议："师傅，为什么这个桁架是三条腿的呢，这样不会使整体不稳定吗？"

"你看这个桁架有什么特点？"王树军问小丁。

小丁端详半天，也看不出其中的不同之处。

"你别看它只是个桁架，但对于现场环境的考虑一点儿也不少。产线上地方小，要是放四条腿，工人工作时就很挤，不方便，把它设计成三条腿，就是针对现场的非标准化设计。只有考虑到生产线的各个方面而生产出的产品，才是最优产品。"

小丁想起一年前在学校里学习机械设计基础课程时老师讲的，做机械设计一方面要符合设计准则，通过力学计算与机构设计进行零件选型与图纸制作，另一方面也要考虑实际情况，尽量选择标准化零件，不得已再考虑非标准化零件。

当初在课堂上学习的知识，如今在一号工厂见到了实例，小丁在受教的同时，再一次感叹师傅王树军经验的丰富和那种随机应变的能力。

初级的设计是为了实现目的，高级的设计则需要兼顾人性与实用性。王树军创新工作室做的几个项目中，有一个是生产线传送零件的全自动输送装置，他们选择了车间废弃的一段辊道，经过设计改制后让它重新回到生产线发挥余热，从而节约了一笔不菲的费用。

为了防止工人在操作时受伤，他们将所有旋转的部件全部进行密封；为了使设计出的设备操作更方便，工作室成员去现场与一线操作人员交流对接；将支撑架设计成人刚好可以不弯腰通过又不会撞到头的高度；特制的接液盘使工作场地更整洁……这些都是小丁以前在设计中未曾注意过的，但却是师傅王树军在一次又一次的实操中，碰壁、受挫而总结出的经验。

此后的工作中，小丁常常会对着王树军做的桁架发呆，思考着未来的工厂是标准化、模块化生产设备占主导还是专业化、定制化设备占主导的问题。每当小丁面临困难和无法解决的难题时，他总会想到师傅坚定而充满鼓励的眼神，总会想到师傅常说

⊙ 王树军（左一）向徒弟讲解维修知识

的那句"你别看它只是个桁架"。

对于年轻人,对于未来,王树军充满希冀。目前,他带的徒弟中,有两名在国家大赛中获得二等奖的好成绩;2018年参加工作的两名年轻员工,也在王树军的培养下,在2019年的全国大赛中获得二等奖的好成绩。2020年至2021年,潍柴集团开展千名工匠培养计划,王树军参与培养的人员中,有19人入选"潍柴种子工匠",22人入选"潍柴青年工匠"。

5. 不做"差不多"工人

在开展工作室工作活动的同时,厂里也创新性地开展了分析案例和典型故障交流会来提升维修人员的经验、技能。潍柴集团评选出的116个优秀案例中,王树军创新工作室成员占55个;工作室参与的典型故障交流会不低于40场次;与各个部门交流经验的成果也颇为丰富。

典型故障交流会是处理完机器故障后,针对典型故障,分析原因、总结处理思路和方法以及提出预防措施的一种常用的交流方式,包括但不限于负责故障处理的相关人员。每个人都可以畅所欲言提出自己的疑问,分享总结的经验,尤其是提出故障处理的不同思路及意见并进行重点论证,对该类型故障相对完善及全面地进行总结分析,形成案例。

"大家抓紧收拾一下现场,整理一下工具,下午五点在培训室进行故障复盘,所有组员都要参加!"这是2016年2月14日,农历大年初七,某加工中心缸孔镗刀振刀损伤故障处理后的典型故障交流会。

这次的加工中心缸孔镗刀振刀损伤故障，是设备在自动加工缸孔过程中出现了主轴异常报警，从而造成了机床停机。这个项目由王树军的两个徒弟担任主辅修。在工人手动退刀检查时，他们终于发现是镗刀导向条损伤，工件缸孔粗糙度超差报废。可整个设备的检查就花费了一天时间，仅是停机造成的损失就令王树军皱起了眉头。

"说一下你们的处理思路，故障原因是怎么分析的。"作为会议召集人，在了解故障现象后，王树军开始主持推进会议。

"故障的报警信息是主轴电机输出电流瞬间异常波动，经过检查，发现镗刀导向条存在严重磨损现象，这是报警起因。"

"能引发镗刀导向条与孔壁剧烈磨损的原因有哪些？"

"主要是刀具加工过程中振刀。"

"什么情况下会振刀呢？"

"引发振刀的原因很多，刀具调整差、主轴跳动超差、刀具夹紧不良、直线轴导轨存在间隙都能引起加工振刀。"

当时这个故障的处理用了近一天的时间。王树军赶到现场时，发现故障查找思路虽然正确，但是具体排查时操作粗放，不注重细节，结果排查时把引发故障的主要原因漏掉了。如果检查再仔细一点，问题本来可以很快解决的。两位徒弟在排查原因时不注重细节，查找主轴跳动时，使用的标准样棒显示检查结果达标后，省略了进一步排查的操作，接着进行下面的步骤。殊不知，问题就出在主轴跳动上！主轴跳动不超差，因为是用标准样棒检查的，但是加工缸孔是使用镗刀去加工，他们没有发现镗刀在主轴上的跳动超差。

"问题出现在哪里知道吗？"听完他们的处理经过，王树军又抛出这个尖锐的问题。

"问题不是您排查出来的吗？镗刀刀柄有磕碰伤，安装到主轴上引起了跳动超差。"两个徒弟面对着王树军一个接一个的问题有些措手不及，急忙解释。

"我说的不是这个，我是问你们为什么没有找到根源！"王树军提高了嗓音，眉头也微微蹙了起来。

"师傅就是师傅，我们嘛，差不多就行啦。"忙了一天，徒弟们也有点儿情绪。那时正逢春节假期，工人们心思涣散，过节前忙，节后收不回心思，这都是人之常情。但维修工作关系重大，必须克服障碍，养成出任务就是上战场的心态与习惯，将全部精力集中到解决问题上，怎么能用"差不多"来为自己开脱？王树军听到这话显然有些生气。

"时间就是效率，时间就是金钱，原本一上午的活儿，你们用了一天时间。生产线工作停产，后续员工们的工作压力又会增大。我们是不是应该换位思考一下，多替同事们和分厂车间考虑一下？"听到师傅这样说，两个徒弟惭愧地低下了头。

后来，不仅是两位徒弟，整个团队的成员都从这件事中吸取了教训，对待工作任务不再有"差不多"的态度，总能打起十二分的精神面对工作中的每一个小毛病、小故障。

一次次的故障交流会，不但能让团队成员交流工作思路，在处理方法上碰撞思想，也能激发参会者提出更多的创新点子。更重要的是通过交流会，不良习惯得以纠正，良好的工作态度得以养成，只有如此优良作风方能传承。王树军创新工作室是潍柴集团各创新工作室的缩影，在万众创新的大好环境下，他们一直坚持不忘初心、牢记使命、珍惜荣誉、加倍努力的信条，在助力企业发展和全省新旧动能转换中贡献出全部的力量。

甘于奉献，展望未来

1. 事业家庭难两全

王树军和妻子都是潍柴工人，妻子在集团动能公司工作，二人1999年结婚。工作上，他可以自豪地说问心无愧，但对于家庭却始终是亏欠太多。新世纪开始，潍柴迈入高速发展的快车道，作为一名维修班长，他带领二十三名员工，负责大半个分厂、四个车间的设备维修，根本分不出精力来照顾家庭。

每天披星戴月、早出晚归，除了工作需要加班加点，王树军空闲的时间也都在厂里钻研技术发展和创新。他常常盯着一个发动机零件一盯就是一整天，有时候连饭也顾不上吃；有时又捧着书，坐在书桌前硬啃，妻子出门上班都不知道。王树军妻子性格温和，从不与他计较，总是默默地替他收拾好一切。整日沉浸在工作里的王树军无暇顾及妻子的感受，只是偶尔听到岳父、岳母的几句叮嘱时，才意识到自己忽略了许多。

　　王树军工作时总是全身心投入，一干就是一整天。到了深夜，他拖着疲累的身子回到家时，妻子和孩子已经睡下了。妻子在睡梦中的面容略显疲惫，月光柔柔地照进窗里，他的心里翻涌出一股辛酸的愧疚之情。

　　儿子是2000年下半年出生的，从小到大，生活起居都是妻子、父母和岳父母帮忙照料。对儿子而言，他不算一个称职的父亲。儿子出生后的那几年正是潍柴发展、革新的重要时刻，当时的王树军整天钻在工厂里，一钻就是好几年。

　　2004年至2008年，王树军一家三口居住在樱园小区。这四年的时间，正好是儿子成长的关键时期，最需要父亲的陪伴。但彼时潍柴正在筹建新工业园，王树军被调到技术改造部工作，常年出差，很难回家和妻子、儿子见上一面。

　　又是一次长时间的出差，等王树军回家时，儿子都已经躺下准备睡觉了。"爸爸，你明天不出差，来接我放学吧！"看着儿子期待的眼神，王树军只能拍拍儿子的肩膀解释自己要临时加班。"别的同学都有爸爸接，我的爸爸都不接我！"看着儿子闹情绪的小模样，王树军替孩子掖好被角，说"明天还是妈妈接你，下次爸爸一定接你！"就这样承诺过无数个"下次"的王树军依然没有接送过儿子上下学。

　　儿子上小学时，学校就在离家不远的潍坊市实验小学。王树军几乎没有参加过儿子的任何班级活动，唯一一次参加儿子的家长会，还因找不到儿子班级的教室而被老师一通批评。

　　2008年，儿子八岁，妻子在动能公司上班，三班运转，照顾孩子的时间也少了很多。为了有人照顾孩子，他们只得换掉离学校较远的樱园小区的房子，把家搬到了孩子外婆家楼下。无数个夜晚，等王树军加班回到家，孩子已然睡下，看到孩子安然地睡着，愧疚只得深埋心底。

一次，王树军白班倒夜班的时候回到家，赶上儿子早上醒来，看见爸爸没有去上班，竟然有些不习惯。他对着外婆的耳朵说悄悄话："爸爸今天为什么没去上班呢？"儿子天真无邪的话语，深深刺痛了王树军的心。

每次面对妻子和儿子期待而最终转为失望的目光，王树军内心的愧疚叠加了一层又一层。但在家庭和工作两难的抉择面前，他仍然选择了工作，陪伴家人的时间总是少之又少。

2016年8月份，厂里的自动化项目正如火如荼地进行着，王树军也全身心地投入到项目的推进过程中。直到他接到了儿子打来的电话："爸，妈妈骑车买菜时摔倒了！现在正在医院，检查结果是左膝的半月板摔伤，需要做手术！"

妻子做了手术需要人照顾，还在上学的儿子要兼顾学业，白天只有岳母陪在妻子身边。下班后，王树军再飞奔到医院去替换岳母，好让岳母能回家休息。看着躺在病床上的妻子，他心里有千言万语，可最终却还是没有说出口。

2017年，王树军创新工作室成绩突出，获得了许多成就，工作成果首次被纳入潍柴科技创新大会并受到表彰。他主创的气缸盖自动翻转移载项目在大会上也获得工人创新特等奖。王树军带着奖杯回到家时对妻子说："这奖项，非有你一半的功劳不可！"

2019年6月7日，儿子参加高考，王树军和妻子都没能抽出时间接送，便让儿子自己骑自行车往返。儿子也争气，独自前往，没有让父母担心。高考结束后，王树军问儿子："别人都有爸爸妈妈接送、陪考，你一个人去，有没有怪爸爸？"儿子笑笑没有说话。原来，不知不觉间，儿子已长成了小男子汉。王树军心中明白，自己已经缺席了儿子的成长。

2. 时光时光慢些吧

对于妻儿，王树军的陪伴总是不够，更遗憾的是，他也没能照顾好日渐年迈的父母。王树军的父母如今都已经八十多岁，生活上虽然还能自理，但是毕竟年纪大了，做什么事都有些力不从心。王树军工作忙，只有过年过节的时候才能抽时间回家去看看父母，平日里都是妻子和姐姐、妹妹在照顾着。他一直都想多抽出时间照顾家庭，但是工作的繁忙又总是分走了他的大半精力。

2016年的一天，王树军的父亲不小心摔伤，休养了很长一段时间。那段时间里，老人行动不便，照顾的重担都落在了妻子的身上。可谁知中秋节的前一天，刚恢复不久的父亲在外出时又不小心摔倒，这一次更严重，左腿股骨头骨折，需进行髋关节置换手术。父亲躺在医院里，姐姐、妹妹陪在父亲身边，另一边接到电话的王树军正在厂里忙得焦头烂额。

当时正是车间缸盖线两气门升级为四气门收官的关键时期，所有参与人员都在加班加点地赶进度。作为项目现场负责人，是在医院陪护父亲，还是坚守生产岗位，又成了王树军两难的抉择。

为了尽快结束手头的工作赶到医院，王树军加快了手底下操作的速度，装在口袋里的手机一直在"嗡嗡"振动着，仿佛和墙上飞速旋转的时钟一样，考验着他的心理素质。

项目一点一点推进，父亲那边却一直没有传来消息，王树军急得像热锅上的蚂蚁。同事们看到王树军焦急的样子，也都替王树军捏着一把汗，丝毫不敢放松手底下的工作。

姐姐、妹妹和妻子早早就在手术室的门口守着，虽然父亲进手术室的时间不久，但对于等在门口的几个人来说，确实十分煎熬。妻子看着手机屏幕上显示的时间在一点一点地变化，却始终没有等到王树军的电话。

好不容易完成了手头上的工作，王树军以最快的速度飞奔到医院，终于在父亲手术结束前，守在了手术室门口。看着父亲被推出手术室那虚弱的样子，王树军的心里像压着千斤的石块一样沉重，那是王树军第一次近距离仔细端详父亲苍老的面孔。

项目的收官任务还没有结束，这期间的日日夜夜，王树军一直都深陷在与父亲手术当天相同的两难境地。一边是即将收官，离不开他监督的项目工作，一边是还在恢复期的父亲。

好在妻子和姐姐、妹妹都很体谅他，同样在潍柴工作的姐姐也十分理解他的难处，说："老二，你放心去工作吧，别跟单位请假了，厂里正是离不开你的时候。""二哥，这里有我们呢。"姐姐、妹妹的话让王树军十分安心，但同时又涌上无限的愧疚。

手术后的父亲生活不能自理。为方便照顾二老，他和姐姐、妹妹商量，让父母搬到自己位于工业园附近的小区。父母虽然搬

⊙ 面对突发紧急事件，王树军总是随叫随到

了过去，但为了不打扰王树军工作，姐姐、妹妹仍是照料父母的主力军，常来帮妻子分担。这样的日子一直持续到项目全线贯通，王树军才能歇下几天，陪在老父亲的身边。可是很快，他又被委派了新的任务。

2017年11月7日，王树军加班完成一套设计方案后，已是晚上十点左右。远远看见父母家的灯还亮着，王树军看看表，兴冲冲地到了父母家，敲开门却惊讶地发现只有母亲一人在家。

"妈，我爸呢？"母亲还没开口，就红了眼眶。王树军这才得知，原来下午的时候，姐姐发现父亲出现了右手使不上力气、说话也含混不清的症状，急忙打了120急救电话送父亲去了医院，医院诊断为脑出血，让老人住院进行治疗。

王树军连忙打电话询问父亲的状况，电话那头是一直陪在父亲身边的姐姐。她安慰弟弟别担心，父亲在医院里情况已经平稳了。其实，在刚发现父亲的病况时，为不打扰弟弟工作，就是姐姐拦住了母亲要拨给王树军的电话。

听到父亲的状况稳定，王树军松了一口气，但事后想来仍觉得心惊。要不是姐姐及时发现，一直陪在父亲身边，那父亲的状况可能就糟糕了。和姐姐、妹妹比起来，他为父亲做的实在是太少。姐姐、妹妹的体贴包容，让他感觉到温暖，但每每看到妻子、姐姐、妹妹为父母操劳的样子，他又感到深深的愧疚。

为了尽量减轻家人的负担，从2019年开始，为照顾好卧床的父亲，王树军和姐姐、妹妹商量，雇了护工对父亲进行二十四小时看护。那段时间，一忙完手上的工作，王树军就急匆匆赶回去照顾父亲。可那时的父亲日渐消瘦，已经不能言语，只是定定地看着自己，那眼神，和儿时记忆中的父亲一模一样。面对此情此景，王树军的眼里流出了两行热泪。

他总在夜深人静时对自己说，为了热爱的工作，亏欠家人的真是太多太多。

3. 潍柴：以家之名

辜负了小家的王树军一心扑在了"大家"上。这个"大家"就是潍柴。他时刻谨记潍柴的工匠精神是"精益求精、持之以恒、爱岗敬业、不断创新"。一直以来，王树军都是第一个吃螃蟹的人，是潍柴给了他机会和平台，而他也以自己的努力回馈企业，成为潍柴装备智能升级、智慧转型的引领者和推动者。

1998年的潍柴是濒临破产的老国企，目前却发展成为跨领域、跨行业经营的国际化公司。二十多年来，潍柴不断发展，尤其是在一线员工素质提升、人才培养方面，潍柴更是做了大量的工作。

一线员工是一个企业的基础，对一线工人来说，什么平台造就什么样的人才。潍柴公司总是想方设法为员工搭建成长成材的平台，积极为员工创造学习、进步的机会。

2004年，潍柴工艺路线大调整，在潍坊市高新技术开发区筹建新工业园，主要的生产厂是一号工厂。一号工厂的两个加工车间分别是刚性车间和柔性车间，其中柔性车间的设备投资接近两个亿，主要加工设备完全由世界一流加工中心组成，并配备工业机器人及桁架机械手作为加工中心生产线的物流转运，设备先进

⊙ 王树军（左一）在进行机器人检查

程度不止在当时，放到现在依旧是一流水平。

柔性车间虽然投资很大，但直接收益一直比较小。在保证产品质量的前提下，要想获得更大的收益，产能必须跟得上，起码不能低于成本产能。但当时这个车间的设计产能比较低，跟加工同样产品的另一个刚性车间相比，产能上相当于它的四分之一，而且它的运行成本高，加工中心的运行消耗，无论是刀具、维护、辅料、耗材，都是专机没法比的。当时柔性车间从直接收益这个角度上看，没有任何优越性，甚至亏本，但是运行起来场面特别壮观，让包括王树军在内的工人们都大开了眼界。

机器人、机械手这些现代智能物流装备以及高端加工中心现在看来都不是什么稀罕物，但在二十年前，却是十分少见的。当时车间就在王树军所在的一号工厂的"C位"，从1号门进到一号工厂一眼就能看到它！员工们总是在进进出出的时候，借机站在一边欣赏一下整个车间高端设备的作业场景。后来员工们就产生了一个错觉，认为这个车间就是参观用的。

当时的王树军也有这个错觉。一次在和厂长交流时无意中提起，没想到却被厂长好一顿批评。厂长说："这就是你们的目光不够长远了！这个车间绝不是用来参观的，这样的高端装备、这样的生产布局在多年后肯定会普及，我们之所以花大价钱买来这些装备，就是咱们潍柴要先下手为强！这是未雨绸缪，提前规划。公司下这么大成本建造了这个车间，目的就是提早锻炼人才，包括装备的管理人员、维修人员、工艺技术人员、操作人员等。"一语惊醒梦中人！想到公司高管团队的远见卓识，王树军暗暗攥紧了拳头，下定决心一定要参透其中的精妙之处，只有这样，才对得起领导的良苦用心。

正是因为有这样高端的平台搭建，员工们才有机会在多年的历练中成长起来，推动潍柴在十几年的高速度、高质量的发展中立于不败之地。看着工作室挂着的满墙荣誉，王树军陷入深深的回忆，他想起2013年公司开始为一线高技能人才创建工作室，从那时起，公司已经十分认可基层创新，把一线员工创新提升到一个更高的高度，实施了一系列对一线员工的激励措施。他们作为受益者，享受着潍柴集团的优待，更应竭尽全力贡献出自己的力量。

他又想到了在2015年至2016年期间，工会推出的《潍柴集团优化创新环境、释放创新活力十条意见》《潍柴集团一线员工技术创新工作实施意见》。两份意见的出台，好像一声声战鼓，在为他们加油鼓劲，敲开了全员创新的大门。通过营造创新环境，提升创新水平，搭建创新平台，潍柴想方设法鼓励全员创新。2017年以来，潍柴集团共表彰奖励一线优秀创新项目196项，奖励金额达1200多万元。

目光扫过墙上的奖状，王树军看到那些奖杯、奖牌上刻着的他和工作室其他成员的名字，想到了每个人的成长历程。多年来，大家都在自己的岗位上发光、发热，为自己喜爱的事业付出、贡献。2018年的首个工作日，谭旭光董事长亲自对评选出的首批十名潍柴工匠进行了表彰，还提出了"精益求精、持之以恒、爱岗敬业、不断创新"的潍柴工匠精神。台上的匠人们挥舞着手中的奖杯，更像是在握着刀斧，立志开凿着企业美好的未来！2019年首个工作日的质量工作会议上，潍柴集团再次推选出了十名潍柴工匠进行表彰，里面有王树军创新工作室的成员，王树军在台下发自肺腑地鼓掌，回想着他们的收获和进步。经久不衰的掌声让台上领奖的人热血沸腾，让他们澎湃起全身的力量，立下不悔的誓言。

一间间工作室建立起来，聚合了各地各个方面的技术人才，形成了一股不容小觑的力量，推动着潍柴不断前进。为了使这个聚合的力量更强、队伍更庞大，2020年3月，潍柴集团又成立了潍柴工匠协会，集合全公司一线工人的力量开展协作创新，解决了当前各工作室存在的技术力量匮乏、创新思路受限等瓶颈问题。协会像个其乐融融的大家庭，大家互帮互助，教学相长，热闹的氛围吸引着越来越多的人加入，促成了良好的循环机制。

在鼓励一线员工创新上，潍柴集团一直都抓地很硬，无论是软件还是硬件，都为员工搭建了广阔的平台，提供了无限的支持。所有对企业发展有利的创新工作都容忍失败，解除了员工的后顾之忧。这是对一线创新工作的认可与支持，也是对创新实干态度的坚决肯定。在潍柴公司营造出的创新氛围下，各子分公司、各基层单位、各级领导更是率先垂范，不但无条件支持一线员工的创新工作，更是为一线员工的创新出谋划策，整合资源，调兵遣将。

在坚守一线的职业生涯中，王树军获得了很多荣誉。"确实有过外地企业想高薪聘请我，分厂领导也建议我从事管理工作，但我还是想在一线和设备打交道。"王树军表示，坚守一线的

⊙ 王树军（右一）带队攻坚

二十多年里，自己从未忘记过初心，"是潍柴的'激情、感恩、执行、创新'文化感染了我，我的信念是'不忘初心、牢记职责，干好工作、心中快乐'，我热爱一线的工作，干一行就要爱一行。"

王树军还说："我一直在从事设备维修工作，从一名普通的维修工逐步成长，到现在成为独当一面的技术人员，还获得了之前想都不敢想的诸多荣誉。这一切，正是得益于潍柴包容创新的氛围和丰厚优越的条件。我不过是潍柴创新团队中的普通一员，能为潍柴奉献力量，是每一位潍柴工人的骄傲！"

4.最好的队伍

人到中年，杂事繁多，单位考虑给王树军换一个舒服一些的岗位。"不用了，领导，我还年轻呢，还得在一线！"为了自己钟爱的维修工作，王树军谢绝了领导的好意。做工人、干维修是王树军从小到大的心愿。

不仅不肯放弃自己钟爱的事业，而且分厂每年的揭榜挂帅启动会上，王树军都主动去挑急难险重的"硬骨头"项目，并带领团队按时保质保量完成交付。

由王树军牵头承担的"WP10.5H机体干式气密机的设计制造与应用""WP9H/WP10H缸盖智能物流系统的设计开发""机体主螺栓自动拧紧单元""WP9H/WP10H缸盖喷油器衬套自动拧紧单元的设计制造"等十多项自动化设备成功用于生产，降低了劳动强度，提高了产品质量，消除了工业四害[1]，提升了产品一致

---

[1] 工业四害主要指工业生产造成废水、废气、废渣、废液。

⊙ 王树军（右一）在进行自动化项目设计注意事项讲解

性，产生直接经济效益253万余元。

对于这些创新项目，潍柴给予了高度认可，多个项目获山东重工"智慧献企业金点子项目"一等奖、潍柴控股科技创新大会技术革新成果特等奖及一、二、三等奖的好成绩，并给予王树军团队优厚的物质奖励。

在王树军的带动下，团队成员创新热情高涨，近五年来，完成重大职工创新成果174项，累计创造经济效益6800多万元。

除专业领域的创新研发外，王树军还带领团队成员勇闯装备技术无人区，在之前从未涉足过的领域踏出一条路来，让年轻员工快速成长，从而加快整个团队技能的提升及创新。近五年来，王树军率领团队改造、制造柔性设备线5条，自动化设备109台，实施重大创新项目230多项，累计创造经济效益2.62亿元。

2020年初，王树军团队不再满足于传统控制技术，而是朝着智能化的装备前沿技术发展。为了深入了解生产现场越来越多的视觉新技术，掌握对这类新兴工业装备的维修本领，由王树军组建团队，对气缸体缸套自动搬运项目进行攻关。在项目立项阶段，分管领导察觉到项目难度系数太高，担心项目流产，给企业造成损失。为此，王树军在向领导汇报时说："对这类新兴工业装备技术的研究突破迫在眉睫，项目式培训的优越性，远远高于外出培训。"更何况，公司提供了这么好的平台，他有信心，也有能力把它做好。

这种高难度的项目王树军不带头做，别人更不可能主动承担。于是，在他的坚持下，领导同意了项目的立项实施，并决定不限期考核，这更是给了团队必胜的信心。

针对项目难点，缸套要与混线生产的各种机型对应，而且投料进来的缸套在箱中分三层放置，需要充分考虑抓手的合理避让行程与视觉焦距相适应。王树军采用了双机械手交替抓取结构，并使用二维码识别在线机型，实现了数据库存储缸套类别、视觉定位引导机械手自动抓取、双垂直轴兼顾避让行程与视觉焦距等技术的创新与应用。

整个项目历时一年，不但完成了气缸套的自动上料，降低工人每班次6.8吨的搬运重量，创造了年135万元的经济效益，而且通过这个项目，整个团队对生产现场大量的视觉引导类新兴装备技术有了更深层次的了解。

2022年4月28日，这个项目以视频方式参展由中华全国总工会在深圳举办的首届大国工匠创新交流大会，得到与会专家的一致好评。

王树军将自己总结的经验和方法倾囊相授，联合工作室五名高级技师成立了创新工作分站，并通过首席技师大讲堂和潍柴网上学习平台与潍柴全球各子公司进行技术交流和技术培训。王树军每年授课达240课时，培养的学员个个是装备管理的骨干。团队多次获潍柴集团科技创新大会工人创新特等奖及一等奖。王树军和团队一起，用实力和成绩彰显了新时代潍柴"匠人"的风采。

⊙ 王树军在进行机器人夹爪检查

 第五章　佩戴荣誉的勋章

无处不在的工匠精神

匠心聚，百工兴。近十年来，王树军被评为"大国工匠年度人物""最美职工"，先后获得"全国劳动模范""全国技术能手""全国五一劳动奖章""行业大工匠""齐鲁工匠""山东省富民兴鲁劳动奖章"（后改名为"山东省五一劳动奖章"）"山东省机械行业优秀科技工作者""山东省有突出贡献的技师""山东省省管企业道德模范（敬业奉献）"等荣誉。

2018年，王树军被评为"大国工匠年度人物"。作为一名潍柴人，王树军敢于挑战不可能，勇于突破加工禁区，以爱岗敬业、德技双馨的精神，为中国制造业添光加彩，更为劳动者树立了精神标杆，发扬着执着专注、精益求精、一丝不苟、追求卓越的工匠精神。

2019年1月18日晚，王树军在中央电视台参与"2018大国工匠年度人物"颁奖典礼的录制。录制的前一天，中央电视台组织参加的工匠们进行了排练。

通过参加这次的节目录制，王树军才知道，录节目并不像他想象的那么简单。不但要熟记上台要讲述的台词、每一步要做的事、整体的流程，更要注意自己在舞台上的言行举止，行为要大方得体。

⊙ 王树军参加《闪亮的名字——2019最美职工发布仪式》节目录制

⊙ 王树军参加《大国工匠》节目录制

那次录制，央视的录制厅里没有配备提词器，为了呈现出预想的节目效果，最实际有效的方法就是一遍遍走台练习。摄制组在进棚之前就跟参加的工匠们完整地展示了一遍流程，之后就安排十位获奖工匠开始轮流彩排。

高凤林第一位，李万君第二位……王树军排在第八位，没上场之前，他便在观众席观摩学习，心里暗暗给自己加油鼓劲。彩排开始了，在一旁候场的王树军看到主持人康辉和欧阳夏丹走上舞台。虽然早就知道了颁奖晚会的主持人是他们，但王树军万万没有想到像他们这样的"大咖"会和工匠们一起参与彩排，心情更加激动。他感觉站在一边的工作人员，都听到了他怦怦的心跳声。

王树军以前听从事媒体行业的朋友说过，晚会主持人手中都有手卡，即使现场没有提词器，只要按照手卡的内容说，在主持的过程中也不会有大的失误。像康辉、欧阳夏丹这样久经沙场的名将，大大小小的晚会主持了无数次，彩排时一定是简单走上一遍流程就可以休息了。但令他没想到的是，两位主持人全程和他们一起，彩排了一遍又一遍。

两位主持人先分别了解了工匠们各自工作的典型特点，然后理顺需要交流沟通的各个细节，还在彩排的过程中不断鼓励他们放松心情、不要怯场。两位主持人亲切的话语、执着专注的态度，给参加彩排的工匠们留下了深刻的印象。不仅是主持人，整个摄制组的人都将执着专注、精益求精、一丝不苟、追求卓越的工匠精神诠释得淋漓尽致，让受到表彰的十位工匠都不禁为之点赞。

对王树军这样的"临时演员"来说，熟记台词并且将它们流畅完整地讲述出来是最难的，毕竟在现场要面对台下那么多的观众和自己见过、没见过的各级领导。有好几次他以为记熟了，但真正站上舞台的时候，因为紧张，大脑变得一片空白，那些早已背熟的台词却怎么也无法从嘴里蹦出来。总导演和工作人员就不厌其烦地给王树军讲解具体的流程，主持人康辉更是通过聊天的方式，轻轻在他耳边说："别紧张。"这让王树军心里的压力减轻了不少，彩排结束回到住地，他对第二天的正式录制不再感到紧张，反而隐隐有些期待。

去央视参加颁奖典礼前，王树军的心态还是比较轻松的。面对亲朋好友对他要上中央电视台这件事的期待，王树军只是淡定地说："就是去领个奖，参加个晚会。"但当颁奖典礼正式开始，音乐响起的那一刻，他的情绪莫名激动起来。

"他是维修工，也是设计师，更像是永不屈服的斗士！临危请命，只为国之重器不能受制于人。王树军，中国工匠的风骨。在尽头处超越，在平凡中非凡。"听到徐涛老师低沉而富有力量的诵读声，他心底突然涌起强烈的骄傲和自信。

在颁奖前的彩排过程中，中国第一代汽车人，耄耋之年的中国一汽原副厂长韩玉麟老先生，向王树军倾诉我国制造业建设多年来深受技术封锁的困苦。"中国工业技术的发展，还是要靠我们自己呀！一定要把关键核心技术牢牢把握在自己手中！"王树军想到一路走来遇到的种种困难，国外技术封锁的困苦他又何尝没有经历过。他乐观地劝慰韩老："虽然他们对我们进行技术封锁，但我们正是因为技术的封锁，才顶着压力不断进步，靠自己

⊙ 王树军参加大国工匠2018年度人物颁奖典礼

的力量，一点一点创造出现在的成果。"说完，他紧紧地握着韩老的手。从那双手里，他感受到了进步革新的力量、传承的力量以及对中国工业必胜的决心和永恒的热爱。

伴随着演播室激昂的音乐声，他接过韩玉麟老先生手中沉甸甸的奖杯，握住奖杯的那一刻他感受到肩上的责任，看着眼前闪亮的奖杯，他知道，自己不是在为个人荣誉而奋斗，而是在为国家、为民族而奋斗。为了让我们国家的制造业核心技术不再受制于人，他深知自己所做的努力还远远不够，未完成的事情还有很多！

他将手中的奖杯，奋力推出，高高举在头顶。他想用这种方式向韩老许下承诺，用这种方式向千千万万奋战在生产一线的劳动者许下承诺，向对他们寄予无限厚望的祖国许下承诺。

一场洗涤心灵的盛典

2019年10月1日，是中华人民共和国成立70周年纪念日，为了庆祝共和国诞辰，当天在北京天安门广场举行了十分盛大的阅兵仪式。这是中国特色社会主义进入新时代以来的首次国庆阅兵，彰显了中华民族从站起来、富起来到强起来的伟大飞跃。

在这个特别的日子里，中华全国总工会牵头组织部分全国劳模代表出席阅兵现场，见证这一伟大历史时刻。劳模代表团就座于天安门西看台，王树军有幸成为劳模代表之一，参加了此次盛典。

⊙ 王树军参加2019年中华人民共和国成立70周年阅兵仪式

上午9时57分，习近平总书记来到了天安门城楼主席台，向广场观礼台上的各界代表挥手致意。中国人民解放军军乐团奏响了《义勇军进行曲》，全场齐声高唱中华人民共和国国歌，五星红旗冉冉升起，在天安门广场上空迎风飘扬。王树军以前都是在电视上观看这样的盛典，如今身临其境，更是让他的胸中燃起了熊熊的爱国心、强国志、报国情。

10时06分，习近平总书记发表重要讲话，总书记讲道："中国的昨天已经写在人类的史册上，中国的今天正在亿万人民手中创造，中国的明天必将更加美好。"天安门广场上爆发出阵阵热烈的欢呼声。身处会场的王树军心潮澎湃、几度落泪，他为生在中国而感到无比的骄傲和自豪。

整个阅兵活动中，给他印象最深的是战旗方队，这是阅兵场上最特别的一支方队。战旗方队的领队是东、南、西、北、中五大战区主要指挥员，他们引领着一百面来自全军战功卓越、荣誉模范单位的猎猎战旗，走在方阵的最前列。"一面战旗一个魂，战旗身后有传人。"战旗方队集中展示了土地革命时期、抗日战争时期、解放战争时期以及新中国成立以来荣誉功勋部队的战旗，王树军看着那一面面战旗，仿佛看到了那一段段峥嵘岁月。先辈们为我们付出生命的代价，而作为传承者，我们就是要传承这种精神。虽然自己从事的是维修行业，但战旗方队的精神深深地鼓舞着王树军。在此后的工作当中，每每感到精神懈怠时，王树军眼前总会浮现出那一面面鲜艳飘扬的战旗，那战旗激励着他不断前进。

作为一名新时代的产业工人，他深知，唯有不断开拓创新，提升技能本领，增强志气、骨气和底气，将热血和理想融入为祖国和人民服务的事业之中，才能不负时代、不负韶华、不负党和人民的殷切期望！

功成不必在我，功成必定有我

全国劳动模范和先进工作者表彰大会每五年举行一次，大会的意义在于号召人们学习劳模身上爱岗敬业、争创一流、艰苦奋斗、勇于创新、淡泊名利、甘于奉献的杰出精神。

2020年，经山东省组织推荐，王树军获得了"全国劳动模范"荣誉称号。

劳模表彰大会于2020年11月24日举行，那一天，是王树军第一次走进人民大会堂万人大礼堂。在王树军很小的时候，就梦想当一名优秀的技术工人，经过几十年的不懈努力，他已经实现了这个梦想。获得全国劳模这一殊荣，是组织上对王树军近三十年奋斗在一线、勇于创新工作的肯定，也是王树军对自己奋斗半生的自我肯定。

11月24日当天，习近平总书记和国家主要领导出席了表彰大会。大会上，总书记发表重要讲话，他强调："我国工人阶级和广大劳动群众要树立终身学习的理念，养成善于学习、勤于思考的习惯，实现学以养德、学以增智、学以致用。"这些话说进了王树军的心坎里。作为新时代的产业工人，王树军意识到，只有不断学习新技术，努力掌握新技术，才能跟上装备制造业的发展步伐，跟上时代的进步。

进入新时代以来，我国工人阶级和广大劳动群众在党的领导下，在实现中国梦的伟大进程中拼搏奋斗、勇攀高峰。传统工业领域产生了一大批大国重器，高新技术产业水平领先于世界。面对日新月异的先进装备和技术，王树军切身地体会到，只有努力奔跑，才能不留在原地，要想实现并跑领跑，前面还有很长的路。

中国正经历百年未有之大变局，目前世界科技强国对中国实行技术封锁，尤其是在高端装备领域实行技术封锁。作为一名维修工人，王树军清楚地知道，技术封锁对中国制造业意味着什么。但是，他对我国工业破除封锁、拥有自己的核心技术，始终充满着信心。目前他要做的，还是要脚踏实地，筑牢根基，一步一个脚印，重视差距，瞄准短板，突破创新，不折不扣地完成党和国家交付的任务。

2022年10月，当我们再次看到王树军在镜头前的身影时，他正在潍柴集团，以党的二十大代表的身份向工友们宣讲二十大报告中关于现代化建设产业体系的相关内容，传递党的声音。"坚决打赢关键核心技术攻坚战……这也让我深感重任在肩。对于立足岗位、担当务实、创新工作有了更强的使命感和责任感……"

宣讲结束后，王树军回到车间，查看前不久改造投入使用的自动输送AGV（自动物流小车）项目的运行情况。王树军不无自豪地说："用它来取代原来的平铺式的轨道输送线，不但保证了生产节奏，同时也推动了这个区域整体物料配送的有序进行。"

"高端装备目前还是我们的短板，我要发挥好模范带头作用，持续攻关，坚决打赢关键核心技术攻坚战，为建设制造强国贡献我们的工人智慧和工人力量。"王树军的声音里充满着坚定的力量。

在车间里，王树军就像一台能产生源源不断的能量的"永动机"，以无限的热情投入学习、思考与工作当中。"永动机"当然是一种比喻，这种不需要外界输入能量或者只需要一个初始能量就能永远做功的机器，由于违反了能量守恒定律和热力学定律，目前还停留在假说阶段，没有被制造出来。但怀揣初心使命的王树军们却凭借内在的热情驱动自身，成为中国制造业中的"永动机"，他们不忘初心，牢记使命，为中国建设制造强国提供不竭动力。

这种内在的热情便是劳模精神。劳模精神当然是兢兢业业于所在岗位的坚韧不拔，但真正驱动劳模们投入长久热情的是创新的活力。劳模们是敢于探索、勇于创新的，他们工作中那些常常达到生理极限的辛苦会被精神上因创新创造产生的愉悦消解。在付出的辛劳当中，他们也同样感受到幸福，他们既为这个世界创造价值，也实现了自我价值。

王树军说："一名合格的一线维修工人，不单要维修好设备，更要不断学习，不断创新，只有这样，才能跟得上时代发展的步伐，当一名好工匠、好劳模……"作为潍柴工匠人才的一面旗帜，王树军诠释了精益求精、持之以恒、爱岗敬业、不断创新的工匠精神，为广大职工树立了一个正直进取、勤学实干、技能突出的榜样形象。正是他上下求索、不断创新的精神，使他在创新精神的内在驱动下，像"永动机"一样不停转动，不断探索、发现，进而实现自己的人生价值。

作为一名装备制造业的一线员工，王树军是千千万万坚守一线岗位、默默奉献的工匠的缩影。他始终牢记总书记讲话中"功成不必在我"的精神境界和"功成必定有我"的历史担当，在自己的岗位上发扬钉钉子精神，一张蓝图绘到底，一任接着一任干。

征途漫漫，唯有奋斗！